Dorf-Bilder

»Die Menschen leben, wie die Natur lebt; sie sterben, werden geboren, verbinden sich, werden wieder geboren, streiten, trinken, essen, freuen sich und sterben wieder.«

Lew Nikolajewitsch Tolstoj

Willy Puchner

Dorf-Bilder

Verlag Kremayr & Scheriau

Die Bilder dieses Buches wurden mit Kodachrome 64 aufgenommen.

CIP-Kurztitelaufnahme der Deutschen Bibliothek
Puchner, Willy:
Dorf-Bilder / Willy Puchner. – Wien: Kremayr und Scheriau, 1983.
ISBN 3-218-00387-3

Schutzumschlag: Rudolf Kasparek unter Verwendung eines Dias von Willy Puchner
Satz: RSB Fotosatz, Wien IV
Druck und Bindung: Sochordruck, Zell am See
ISBN 3 218 00387 3

Bilder mit Übereinkunft

Das Abbilden von Menschen ist stets zugleich eine Abbildung des Fotografen.
Wo immer Menschen miteinander zu tun haben, hat ihre Kommunikation bereits begonnen. Bevor zwei ins Gespräch kommen, haben sie einander schon eingeschätzt: ihre Kleidung, ihre Mimik, ihre Gesten sprechen für sich.
Das Gesprochene ist dann nur ein kleiner Ausschnitt der Kommunikation, und zwar jener, auf den es ankommt, um die Situation zu bestehen.
Viele Menschen haben Hemmungen, sich fotografieren zu lassen. Manche aus religiösen oder politischen Gründen, die die Abbildung des Menschen verbieten, manche deswegen, weil sie spüren, daß ein Bild ihnen etwas wegnimmt, worüber keine Übereinkunft besteht.
Das würde bedeuten: Ich benütze einen Abdruck von ihnen, ohne sie gefragt zu haben, ob ihnen das recht ist.
Übereinkunft kann aber hergestellt werden, durch ein Wort, durch eine Geste oder einfach durch langes Zusammensein.

Die Dorfgemeinschaft

Der Bürgermeister hält Amtsstunden. Jeden Vormittag, außer Samstag und Sonntag. Hierfür ist ein kleines Gemeindeamt eingerichtet.
Ich besuche ihn. Nachdem ich erklärt habe, daß ich eine Arbeit über das Dorfleben machen möchte, sagt er: »Ich bezahle Ihnen nichts, für solche Sachen ist nichts in der Kasse.« Er gibt mir alle vorhandenen Fremdenverkehrsprospekte und zwei Festschriften.
»Lesen Sie das durch, dann brauchen wir nichts mehr miteinander zu reden.«
Die zirka fünfzig Seiten starke rosafarbene Festschrift beinhaltet sechs Begrüßungsreden, die Vereinsgeschichte der Freiwilligen Feuerwehr, der Musikkapelle und des Sportvereins und viele Namen von Dorfbewohnern, hineingeschlüpft in ihre Kostüme als Kommandanten, Gründungsmitglieder, Löschmänner, Dirigenten und Spieler.
Der Mensch im Dorf ist geprägt durch Vereinigungen.
Partei, Kirche, Zuchtverband, Schützenverein, Feuerwehr, Sport-, Musik- und Sparverein, Notschlachtungsverein, Veteranen . . .
Wer nirgends dabei ist, gehört nicht dazu. Oder, von einem Bauern gesagt: »Wer nicht da ist, ißt nicht mit!«

Josef Vogelmann

»Wenn du in diesem Dorf etwas erreichen willst, mußt du freundlich sein. Sag immer grüß Gott und auf Wiedersehen«, empfiehlt mir der alte Josef Vogelmann, der die Flucht in die Einöde dem Leben in der Dorfgemeinschaft vorgezogen hat. Seit mehr als fünfundzwanzig Jahren wohnt er allein in seinem selbstgebauten Haus, weit außerhalb des Dorfes, weitab von Festen und Vereinen.
Der Vogelmann wird im Dorf belächelt und verspottet, aber zugleich in seinem Narrentum heimlich beneidet als einer, der sich von Zwängen und Normen nicht unterkriegen ließ. Das behaupten jedenfalls die Männer des Dorfes.
Rund um sein Haus lagern viele wertvolle Dinge: verrostete Autos, ein altes, eingepacktes Flugzeug, Plastikwannen, kaputte Fernsehapparate, selbstgebaute Objekte und zurechtgeschnitzte Holzfiguren.
Der Abfall der Dorfbevölkerung verwandelt sich zu nutzvollem Material für Josef Vogelmann.
Daß ich für ein Buch fotografieren und deshalb vielen Menschen begegnen möchte, ist ihm zuwenig. Auch dem Außenseiter dieser Dorfgemeinde paßt es nicht so recht, wenn überraschend ein Fremder in seine Welt tritt. Nachdem ich mehr als drei Stunden in seinem Garten umgegraben habe, sagt er plötzlich: »Bei mir heißt's immer: Net durchs Reden, sondern durchs Arbeiten kommen die Leut' zusammen.« Es dauert viele Stunden, bis sein Mißtrauen schwindet. Als ich ihn ersuche, ein Foto von ihm machen zu dürfen, läuft er zum Haus und ruft: »Schau dich nur um, da stehen viele Holzfiguren! Schau, die zum Beispiel sieht aus wie ein reitender Pfarrer auf einem lachenden Nilpferd. Meine Lieblingsfigur! – Wenn du möchtest, kannst du mich davor fotografieren. – Oder woanders! – Aber das ist ganz deine Sache.«

Die Dorfmusik

In welchem Jahr der erste Marsch gespielt wurde, das weiß keiner. Und warum sie heute noch spielen, wissen sie auch nicht.
Am Morgen des ersten Tages im Jahr versammeln sich die Dorfmusikanten vor dem Gasthaus. Die Kapelle zieht von Haus zu Haus und spielt vor jeder Tür einen Marsch. Das Neujahrsblasen ist ein traditioneller Glückwunsch und gleichzeitig eine Aufbesserung ihrer Vereinskasse.
Ich nehme mir vor, die Männer auf ihrem Rundgang zu begleiten.
Der Weg führt uns zum Bürgermeister, zu den Gemeinderäten, Bauern, Arbeiterfamilien und Wochenendhausbesitzern. Eine Seite nach der anderen wird im Notenheft umgeschlagen. Bei der letzten angelangt, beginnt man wieder von vorne.
Aufstellen.
Spielen.
Weitergehen.
Vor jedem Haus vollzieht sich eine ähnliche Zeremonie. Der Kassierer erhält einen Geldschein zugesteckt, für die Männer gibt es Weihnachtsbäckerei oder eine Runde Schnaps.
Auch für den Fotografen.
Je öfter wir mit alkoholischen Getränken beschenkt werden, desto häufiger schleichen sich kleine Fehler ein. Das beginnt beim Aufstellen und reicht bis zum unkorrekten Spiel, was aber eher mit Begeisterung als mit Beschämung aufgenommen wird.
Auch ich beginne den Schnaps zu spüren. Mittags zähle ich schon den dreizehnten. Oft stehe ich angelehnt an eine Hausmauer und staune.
Da vormittags zuviel Zeit verschwendet wurde, muß am Nachmittag »aufgeholt« werden. Die Musikstücke werden jetzt schneller, der Schnaps wird nur mehr im Vorbeigehen getrunken. Der Dirigent und der Kassierer wünschen den herauseilenden Hausbesitzern Glück, die anderen laufen inzwischen zum nächsten Haus weiter. Es reicht kaum noch, sich ordentlich hinzustellen.
Gegen Abend zu beginnen die Musikanten, die noch ausstehenden Häuser mitzuzählen. Durch eine günstige Aufstellung gelingt es sogar, gleich für vier Häuser auf einmal zu spielen.
In eisiger Kälte und mit eingefrorenen Instrumenten erreichen sie den Ausgangspunkt.
Vor der Gastwirtschaft blasen sie einen vorletzten und einen letzten Marsch. Dann beginnt im Extrazimmer das neue Jahr.

Masken

Unsere Masken sind die Gesichter unserer Träume.
Ich würde gerne in eine andere Rolle schlüpfen, mich in ein anderes Kostüm zwängen, für eine Zeit unbeachtet im Dorf sein.
»Wie ist es hier bei euch im Fasching?« frage ich.
»Früher war es noch viel schöner. Da haben wir uns alle Kostüme selbst geschneidert. Aber heute müssen's ja die Maskera aus der Stadt holen. Sie wissen gar nicht, wie sie sich noch übertrumpfen sollen«, erzählt mir eine Frau.
Der Faschingszug braucht eine lange Vorbereitungszeit. Die Burschen des Dorfes sind die eigentlichen Initiatoren. Fahrzeuge werden geschmückt, und der Großteil der Leute ist maskiert.
Ausgangspunkt ist das Lagerhaus.
Schlußpunkt die Gastwirtschaft.
Die Route ist seit Jahrzehnten die gleiche, und auf diesem Weg ist alles erlaubt, alles im Rahmen Mögliche.
Betrunkene und Lautstarke regieren den Faschingszug. Als Beobachter verliert man leicht die Übersicht: Farbenräusche, Geschrei, sonderbare Düfte, chaotische Bewegungen.
Vom Trubel eingefangen und aufgesaugt, ziehe ich in der Karawane der Narren mit.
Plötzlich springt ein männliches Burgfräulein in einem knallgelben Kostüm vom Wagen und schreit mich halb lachend, halb angriffslustig an: »Gib doch deine Maske runter!«
Ich wußte nicht, welche Maske. Ich war ja nicht maskiert und spürte gleichzeitig die Rolle, die ich »als Fotograf« spielte.

Am Stammtisch

Wie ich nach einem arbeitsreichen Tag am Stammtisch sitze und mich müde fühle und daher schweige, werde ich aggressiv angegangen: ich müsse doch reden und mich behaupten. Als Fremder!
»Du bist immer so freundlich und zurückhaltend. Du kommst mir vor wie ein Chinese. Bei uns, da brüllt man und wehrt sich! Nicht so wie du – du läßt dir alles gefallen.«
Die Männer versuchen mich zu provozieren. Sie wollen, daß ich mich mit ihnen messe.
Der Stammtisch ist die Arena des Dorfes, die Spiel- und Kampfstätte der kleinen Politik.
Es wird viel geredet und viel getrunken.
Stundenlang wird über Belangloses geplaudert, bis Belangloses nicht mehr belanglos ist, weil es jemanden in der Runde tatsächlich betrifft.
Diese Betroffenheit nützen dann die »Starken«, meistens die Lauten, und somit hat das Kampfspiel begonnen. Man wirft einander schwere Brocken an den Kopf, und nach einem aufbrausenden Geschrei beobachten auch die übrigen Gäste alles sehr aufmerksam. Meistens ist es jedoch so schnell ruhig, wie es angefangen hat, laut zu werden.
Das nächste Bier kommt auf den Tisch. Der Wirt fügt den Strichen auf dem Bierdeckel einen weiteren hinzu.
Ein junger Arbeiter faßt nach meinem Arm: »Ich glaube, du hast einen falschen Eindruck von uns. Es stimmt nicht, daß wir immer nur saufen. Das erzeugt ein völlig falsches Bild.«
Ich weiß, erzähle ich ihm, daß viele Bauern jetzt noch im Stall arbeiten und nie zum Stammtisch kommen, daß viele Mütter versuchen, die Kinder vom Fernsehapparat wegzuzerren, um sie ins Bett zu schicken, daß manche jetzt in der Arbeit sind, weil sie Nachtschicht haben, und andere müde und lustlos von einem schweren Tag auf dem Sofa liegen, daß Frauen das Abendessen vorbereiten und auf ihre Männer warten – und auch, daß so mancher daheim sitzt und sich traurig und allein fühlt.
»Aber du mußt doch zugeben, daß ihr viel trinkt«, sage ich.
»Ja, am Stammtisch, da wird schon viel getrunken«, meint er, und er erklärt, daß Bier nur fünf bis sechs Prozent Alkoholgehalt habe und viele gesunde Aufbaustoffe beinhalte.
»Ich brauche das Bier schon«, sagt er, und dann rechnet er mir vor, wieviel er in den letzten fünf Jahren getrunken hat.
Ungefähr fünftausend Liter.
Das sind fast zwanzig Liter in der Woche.
Dann schweigt er, und ich schweige auch.

Die Hochzeit

»Weißt du«, erzählt mir Otto, der Hochzeitslader, »ich muß mich, wenn sie aus der Kirche kommen, um alles kümmern. Als erstes schau ich, daß die Gratulation gleich in der Nähe des Kirchentores stattfindet, da geht es in einem Aufwaschen. Dann führe ich das Brautpaar zu den Gräbern der Eltern. Das ist hier so Brauch!«
Der Hochzeitslader ist die wichtigste Person des Hochzeitsfestes, mit ihm kann »die Sache laufen oder auch nicht«. Er lädt die Gäste noch persönlich ein, bestimmt vor und nach der Messe die genaue Aufstellung, »damit niemand aus der Reihe tanzt«.
»Nur während der Messe«, sagt Otto und atmet dabei tief durch, »habe ich eine Verschnaufpause. Das ist dem Pfarrer sein Bereich. Da möchte ich ihm auch nichts dreinreden.«
Noch ehe sich der Hochzeitszug richtig in Bewegung setzt, befindet er sich schon wieder in Auflösung. Das Gasthaustor ist zum Empfang mit Tannenreisig, bunten Fahnen und elektrischen Kerzen geschmückt. Die nicht eingeladenen Dorfbewohner starren auf die festlich gekleidete Gruppe.
Bei der Hochzeitstafel spielt Otto zuerst den Platzanweiser und Organisator, bespricht sich mit Wirt und Bräutigam, und wird schließlich zum Star des Abends. Er erzählt aus dem Leben des Brautpaares, natürlich in Reimform, dann folgt Witz auf Witz. Ich habe selten so viele Witze gehört wie an diesem Tag.
Mein Platz ist gleich neben Otto.
»Ich muß schauen, daß ich die Leute richtig auf Touren bringe. In jeder Pause laß ich mir etwas einfallen. Es ist nämlich ein Unterschied, ob man eine Hochzeit oder einen Heimatabend aufzieht.«
Während das üppige Hochzeitsessen verdaut wird, steht Otto schon wieder auf und redet drauflos. Er nimmt keine Rücksicht darauf, ob die Leute mit dem Lachen nachkommen oder nicht.
Dem Pfarrer fällt es schwer, sich zu vergnügen, denn am meisten wird gebrüllt, wenn sich Otto über Kirche und Herrgott lustig macht. Mit verstohlenen Blicken schauen sie dann zum Hochwürden, dem das Lachen bereits vergangen ist.
»Ich glaube, mit den Kirchenwitzen muß ich jetzt aufhören. Ich weiß nicht, ob der Pfarrer das verträgt«, flüstert mir der Hochzeitslader ins Ohr.
Inzwischen haben die Musikanten auf dem Podium Platz genommen. Der erste Tanz gehört dem Brautpaar.
Otto ist mir wieder davongeeilt. Jetzt wird er zum Kommandanten und fordert die Paare streng nach Verwandtschaftsgrad zum Tanzen auf. Bis schließlich alles auf die Tanzfläche drängt.
Das Tempo wird schneller, und der Kräfteverfall der Alten macht sich rasch bemerkbar. Sie nehmen bald wieder ihre Plätze ein.
Erste größere Pause.
Keine Musik.
Kein Eßgeschirr.
Kein Hochzeitslader.
Man entdeckt, wer einem gegenüber sitzt.
Bier und Wein kommt auf die Tische.

Ich setze mich neben den Pfarrer.
»Von den fast fünfhundert Einwohnern sterben jährlich ungefähr zehn«, sagt der greise Hochwürden. »Aber dafür«, und dabei blickt er auf den geschwängerten Körper der Braut, »werden auch zehn Kinder wieder geboren. Das hebt sich auf. Alles hebt sich auf...«
Ausführlich erzählt mir der Geistliche aus der Geschichte des Dorfes und danach von einer kleinen Privatsternwarte, die er gern und oft besucht. Dabei zieht er einen Zeitungsausschnitt aus seiner schwarzen Kutte.
»Sensation! Neue Galaxien entdeckt! Die Entdeckung der fernen Milchstraßen stützt sich entscheidend auf die Big-Bang-Theorie. Danach soll sich das Universum vor etwa achtzehn Milliarden Jahren aus den sich ausbreitenden Gasen gebildet haben«, berichtet der Pfarrer stolz.
Als ich ihn ungläubig anschaue, beginnt er plötzlich zu schreien: »Das ist der Gottesbeweis! Das ist der Gottesbeweis! Denn was war vorher? Vor diesem ..., diesem Universum? Vorher und alle Zeit war unser Herrgott! Unser Herrgott!«
Der Hochzeitslader kreuzt mit neuen Witzen auf.
Hochwürden hat »noch andere Termine« und verläßt mit schnellen schwarzen Schritten den Saal.
»Ab jetzt ist der Pfarrer nimmer dabei!« sagt Otto, und die Witze werden deftiger. Die Klosterfrau wird zum Pinguin. Der Pfarrer mit einem falschen Hunderter betrogen. Die Klosterbrüder treiben es im geheimen, und zum Schluß sitzt Hochwürden im Affenkäfig. Die Gäste brüllen vor Lachen.
Die Freiheit der kleinen Leute liegt in den Witzen, die sie über die großen machen.
»Jetzt muß aber wieder getanzt werden!« befiehlt der Hochzeitslader nach einer längeren Verschnaufpause.
Inzwischen haben die Burschen des Dorfes die Braut verschleppt, kurz danach zieht der Bräutigam mit den Hochzeitsgästen ins nächste Wirtshaus, um sie zu suchen.
Hier wird nur Wein getrunken.
Die Stimmung droht dem Hochzeitslader nun außer Kontrolle zu geraten. Es wird gesungen und auf Bänken und Tischen getanzt, geschrien und gelacht.
»Wenn es am schönsten ist, soll man aufhören«, findet Otto doch noch das rechte Wort.
Der Höhepunkt ist vorüber.

Das Vorzimmer
oder: Eine Weltreise nach Mariazell

Ganz oben rechts, das Bild, das ist Mariazell.
Da war ich ja schon selbst und sicher öfter als zehnmal. Als ich das erste Mal dort war, fuhren wir mit dem Auto eines Bekannten.
Ich war noch nie in Mariazell, ich war noch nie in Mariazell, habe ich mir vorher oft und oft gedacht.
Als wir dann hinkamen, ist uns ein paar Kilometer vorher, in Mitterbach, das Benzin ausgegangen. Und wie wir hinterher in den heiligen Ort kommen, beginnt es zu regnen.
Zu Hause betete ich schon, daß es regnen soll, für unsere Landwirtschaft, und in Mariazell hat es wirklich geregnet, aber bei uns zu Hause leider nicht.
In Mariazell sind wir oft in die Kirche gegangen. Sonst haben wir nichts gemacht, außer den ganzen Tag beim Fenster hinausgeschaut. Es regnete noch die ganze Nacht, und morgens um fünf Uhr schien wieder die Sonne.
Dann gingen wir in die Kirche, ein bißchen herum, nochmals in die Kirche, und wie ich dann wieder herauskam, schaute ich zum Kirchturm empor.
Da sagte ich: Mariazell, das ist sehr schön, das sehe ich nie mehr – und habe zu weinen angefangen.
Das ist wahr, das können Sie mir ruhig glauben!
Aber nach vier Jahren fuhr ich schon das nächste Mal hin. Da waren wir mit dem Pfarrer Lehnert unterwegs, dann mit dem Rosetzky und dann mit dem jetzigen.
Immer, wenn wir wegfuhren, haben wir zu Hause schon Frühstück gegessen, denn bis nach Mariazell wird nicht stehengeblieben.
Im Bus beten und singen wir, zuerst als Bitte, daß wir wieder gesund nach Hause kommen, und dann . . . Ich habe immer die »Betende Gemeinde« und den Rosenkranz dabei.
Im Bus wechseln wir nie die Plätze. Man sitzt auf dem Platz, wo man hingesetzt wird. Wir sind auch nicht aufgeregt und denken uns gar nichts dabei. Der Chauffeur oder der Reiseleiter erzählt, was es in den Dörfern alles zu sehen gibt.
Ich schlafe nie, wenn ich durch die Gegend fahre, denn die Welt draußen, die interessiert mich, und bei jeder neuen Fahrt sieht man, was sich alles verändert hat.

Das nächste Bild ist aus Lourdes. Ich war nie dort. Ich war noch nicht weiter fort als in Mariazell. Aber mein Bruder und meine Schwester waren dort.
Sie haben die Mutter Gottes ehrfurchtsvoll begrüßt. Sie haben alles besichtigt: die Kirche, die Grotte und die Geräte, die zum Heilen da waren, und die vielen Kranken, ja, die vielen Kranken.
In Lourdes sind schon viele Wunder passiert. Die Leute suchen Heilung, und ein jeder hofft. Man bildet sich etwas ein, und dann ist es wirklich wahr. Der Glaube sagt uns, daß es eine Heilung gibt. Aber für alle Menschen ist es unmöglich, daß ihnen geholfen wird.

Das ganz oben ist ein Bild aus Vaduz, in Liechtenstein.
Das hat mir die Nachbarin mitgebracht.
Ich habe ihr dafür die Hühner gefüttert.
Sie ist Arbeiterin bei der Gutsverwaltung Liechtenstein, und darum ist sie nach Vaduz eingeladen worden. Sie bekamen im großen Saal des Schlosses ein Frühstück. Zu Mittag ist der regierende Fürst mit der ganzen Gruppe auf einen Berg gefahren und hat mit ihnen gegessen.
Der Fürst hat sich sehr gefreut, daß die Nachbarin gekommen ist, sagte sie, recht freundlich war der Regierende zur Graf-Annerl.

Dieses Andenken stammt aus Italien. Das hat mir auch die Nachbarin mitgebracht.
Firenze – Il Duomo – Souvenir Italy, steht darauf.
Ich habe ihr die Post ausgehoben, die Blumen gegossen und die Hühner gefüttert.
Sie war über eine Woche dort und hat gesagt, als sie es mir schenkte: Das ist ein Stück aus der Geschichte.
Das müßten Sie doch wissen, mein Herr, da war irgend etwas mit dem Maximilian.
Ich glaube, hinter Florenz ist gleich das Meer, und da haben sie ihn hinuntergestürzt.
Am besten ist, Sie schauen in einem Geschichtsbuch nach oder in einer Zeitschrift.
Ich kenne mich nicht aus. Mit diesen Dingen komme ich leicht ins Durcheinander.

Heilbronn! Meine Nichte wohnt in Heilbronn. Sie hat dieses Souvenir mitgebracht: Das Rathaus von Heilbronn!
Ich war noch nie dort, ich glaube, ich werde dort auch nie hinkommen. Das einzige Mal, daß ich auswärts geschlafen habe, war damals in Mariazell. Am liebsten schlafe ich zu Hause, da fühle ich mich am wohlsten.
Ich habe schon ein bißchen verlauten gehört, daß meine Nichte heuer zu Ostern wieder kommen soll.
Da wird sie sicher wieder ein kleines Souvenir mitbringen. Da bin ich mir ganz sicher.

Das ist das Wappen von Chikago!
Was das bedeutet, weiß ich nicht.
Das hat mir die Visavis-Nachbarin, die Fischerin, aus Amerika mitgebracht.
In Chikago gibt es viele große Häuser, sagte die Nachbarin, und alles war ihr so fremd.
Ihre Schwester war in Rio de Janeiro, da soll es den größten Jesus Christus der Welt geben. Von dem könnte ich Ihnen eine Postkarte heraussuchen.
Ich habe ja von der ganzen Welt viele Andenken.

Das ist Wultendorf.
Ein Gamsbock mit einem Bergstock und einem Seil.
Das ist von meinem Sohn, dem Adolf, das hat er von einem Fitmarsch mitgebracht.
Das kostet fünfzig Schilling, aber wenn man es vorher mit Erlagschein bezahlt, kostet es nur fünfundvierzig.

Da gehen sie zwölf bis fünfzehn Kilometer, und das ist eine große Hetz. Es gibt vier Kontrollpunkte, und bei jedem Punkt bekommen sie einen Stempel.
Auf der Strecke können sie heißen Tee und Traubenzucker oder auch Wein kaufen, und im Ziel bekommen sie dann dieses kleine Wandertagssouvenir.
Da ist noch eine andere Medaille von einem Fitmarsch aus Bullendorf, noch eine aus Prinzendorf und noch einmal eine aus Bullendorf.
Das ist alles mein Sohn gegangen.

Das Holztaferl!
Was steht da drauf?
Den Spruch müssen Sie unbedingt aufschreiben:
Du bist mein Glück,
du bist mein Stern.
Auch wenn du brummst,
ich hab' dich gern.
Das ist von der Maria. Mit der bin ich recht gut. Die hat mir schon viel geholfen.
Das Holztaferl hat sie aus Maria Dreieichen mitgebracht.
Dort war ich auch oft.
Haben wir gesagt: Wo fahren wir denn hin?
Fahren wir doch nach Maria Dreieichen. Wallfahrten!
Es ist ziemlich gleich wie Mariazell.
Nur nicht so weit und nicht so groß.
Aber nach Mariazell würde ich das nächste Mal viel lieber fahren. Da sieht man mehr, weil man länger mit dem Autobus durch die Landschaft fährt.
Denn wenn man sonst nirgends hinkommt, ist das alles ein Erlebnis.
Und beten kannst du da, und beten kannst du dort.
Denn in jeder Kirche ist der Herrgott und die liebe Frau Maria.
Ja, ich bin schon ein religiöser Mensch!
Und Leute, die nichts übrig haben für unseren Herrgott, werden jetzt sicher lachen.

Die Küche

Was möchten Sie sehen? Meine Küche! Meine Küche?
Dann kommen Sie nur herein, und schauen Sie sich um!
Die Kredenz ist so alt wie ich oder noch älter, mit der bin ich großgeworden.
Ich habe alle Sachen zu Hause, die ich zum Kochen brauche. Normalen Zucker, kristallinen Zucker, Semmelbrösel, feines und stärkeres Mehl, Nescafé und nochmals Zucker.
Die Kredenz ist eine zum Zuklappen. Kleiner dürfte ich ja nicht mehr sein, sonst käme ich gar nicht hinauf.
Nach oben stelle ich alle Dinge, die ich in Reserve habe, schauen Sie nur her!
Na, wie sieht das aus?
Alles, was ich nicht brauche, stelle ich nach oben. Wo soll ich es sonst hinstellen?
Der Kühlschrank ist sehr alt, so aus den fünfziger Jahren vielleicht. Der ist aber wie neu!

Was habe ich bloß drinnen?
Steirische Landsuppe, Schokolade, Bier, selbstgemachte Marmelade, Käse und Birnen. Die bringt immer der Nachbar vorbei. Ist doch nett von ihm.
Und was noch? Na, was man alles so braucht, als arme Frau.
Schauen Sie doch einmal genau! Ich habe immer Ordnung!
Nicht so wie manche, die haben oft faule Tomaten im Gemüsefach, und wenn jemand öffnet, stinkt es heraus.
Ja, und hier, was habe ich hier? Ein paar Schweinsköpferl, nein, Sauschädeln kleine, aus Marzipan, die sind aber uralt.
Ich habe auch Kalt- und Warmwasser, aber das haben andere ja auch.
Was soll ich von einer Küche schon verlangen, für mich ist sie nicht zu klein, ich lebe ja ohnehin allein.
Aber kommen Sie ins Zimmer, lieber Herr, da sind meine neuen Vorhänge.
Schauen Sie doch rein, wie das funktioniert. Da schiebe ich den ganzen Vorhang so rauf und so runter. Da muß ich nicht mehr hinaufklettern.
Und meine Kästen gefallen Ihnen nicht?
Kommen Sie doch endlich aus der Küche ins Zimmer, und ich mache Ihnen den Kasten auf, und Sie können reinschauen, was ich alles habe.
Lassen Sie die Blumen, mein Herr! Die sind sowieso nicht echt.
Warten Sie, Sie wollen den Spruch lesen? Lassen Sie mich meine Augengläser nehmen.
Keine Speise wird gar,
und kein Brot wird gebacken,
und doch will der Mensch reif werden ohne Leid.
Normalerweise lese ich die Sprüche nicht.
Ah, sehen Sie, da habe ich jede Menge von Friedhofslichtern. Der Friedhof ist ganz in der Nähe. Da liegt mein Mann drinnen und dann einmal ich.
Aber kommen Sie jetzt ins Zimmer. Da können wir auch in der neuen Garnitur sitzen, und ich mache Ihnen den Kasten auf. Oder gefällt Ihnen der vielleicht nicht?

Das Wohnzimmer

Lassen Sie sich nicht stören, ich werde es schon wieder finden. – Wo ist es nur?
Schreiben Sie nur weiter.
Ich werde es sicher wieder finden.
Aber was suche ich eigentlich?
Ah ja, meine Augengläser. Ich trage zwar keine, oder besser gesagt, nur zum Lesen.
Also bitte, hier sind sie ja!
Schauen Sie her, ich lasse sie wieder herunter. So wie ich sie brauche, meine neuen Vorhänge. Schauen Sie, mein Herr, so ziehe ich sie wieder hinauf. Die müssen oben einschnappen. – Das machen jetzt viele Leute.
Liftkarnischen heißen die, weil sie damit rauf und runter fahren können. Gefallen sie Ihnen?
Früher habe ich mit der Leiter hinaufmüssen, und jetzt ist das so einfach. Es kommt immer etwas Neues. Das ist eben Fortschritt.

Schauen Sie, der Kasten, der gefällt mir gut. Das ist aber Geschmackssache. Sie müssen schauen, mein Herr, hören Sie mit dem Schreiben auf, und schauen Sie her!
Wäsche, Wäsche, Wäsche – Hüte, Taschen.
Und fünf Laden extra mit Tüchern, Handschuhen, Verschiedenes. Busenhalter, was noch, Blusen . . . Kleider.
Da können Sie alles reingeben.
Hosen, aber die gehören dem verstorbenen Herrn.
Puppen sind ja auch da!
Ich kann doch reinstellen, was ich will? Warum nicht? Da habe ich noch Kleider, wenn es regnet, wenn es kalt ist, wenn die Sonne scheint.
Und wenn ich noch etwas habe, das kommt dann nach oben. Hier ein Barometer und ein Thermometer.
Zwei Keramikköpfe an der Wand, die gibt es heute nicht mehr. Die sind aus Italien. Gefallen Ihnen die Gsichterln, die schauen beide zum Licht.
Ich schau alle Tage in den Fernseher, meistens bis zum Schluß. Aber manchmal ist es schon so, da sage ich: Heute war gar nichts. Ja, höchstens Heinz Conrads, der ist halt eine alte Nummer. Den sehe ich oft. Und Derrick, da versäume ich keine Sendung.
Moment!
Moment einmal, mein Herr! Jetzt frage ich Sie einmal etwas. Ist da alles auf dem richtigen Platz?
Wie hätten Sie das Wohnzimmer eingerichtet?
Sie glauben, das ist gut so? – Na, dann!
Was soll ich aus meinem Zimmer noch machen. Ich bin alt, und es paßt alles zusammen.
Auch der neue Vorhang!
Schauen Sie, mein Herr, wie das rauf und runter geht.
Und hier: da ist eine Silberrose aus Stanniol. Die habe ich von der Nachbarin bekommen. – Den Dürer-Hasen auch. Der war auf einer Konfektdose oben drauf. Schreiben Sie ruhig Konfekt, da ist alles dabei, was süß ist.
Und hier sind meine Medikamente: gleich griffbereit! Ein Herzpulver, eines gegen den hohen Blutdruck und eines für den Magen.
Und eines Tages, da wird kein Licht mehr von außen zu sehen sein.
Und was werden Sie sich dann denken?
Was ist jetzt los mit ihr?
Was werden Sie sich dann bloß denken?

Das Schlafzimmer

Das Bild war immer da!
Es ist seit eh und je dort überm Bett an der Wand gewesen. Es ist ur-ur-alt.
Die Himmelmutter in der Natur und das halbnackte Jesukinderl auf ihrem Arm.
Ich habe oft nachgedacht, wo das ist. Das könnte in der nächsten Ortschaft sein. Die Birken, die Wiesen, die Wolken und der kleine Bach.

Es ist das einzige Andenken, das ich an meine Eltern habe.
Da gab es noch zwei andere Bilder. Entweder hat sie die Mutter versteckt, oder die Russen haben sie mitgenommen.
Die Pendeluhr ist auch weg. Durch die Kriegsereignisse ist vieles verlorengegangen.
Ja, mein Gott im Himmel, wie die Zeit vergeht.
Seit vielen Jahren wohne ich da, und vorher war es das Schlafzimmer von meinen Eltern. Meine Mutter ist vor zwanzig Jahren gestorben, ab dann habe ich jeden Tag meinen Vater gepflegt und habe bis zu seinem Tod bei ihm geschlafen. Ich war immer in seiner Nähe.
In der Nacht bin ich oft zwei- bis dreimal aufgestanden, um mit ihm auf die kleine oder große Seite zu gehen. Er hat es immer gut neben mir gehabt.
Aber wer wird mich einmal pflegen?
Den Nachtscherm habe ich auch hier stehen. Aber ich wußte ja nicht, daß Sie kommen.
Der Fischerkaufmann geht auch auf den Topf. Ist doch keine Schande, wenn man seinen Urin nicht halten kann.
Ich geniere mich nicht, wirklich nicht!
Vom Bett aus schau ich abends in den Fernseher. Es ist besser für mich, wenn es unter der Decke warm ist.
Den Farbfernseher habe ich mir um zwölftausend Schilling gekauft. Die Kinder haben gesagt: Kauf dir einen Apparat, den hast du dir verdient.
Ich bin froh, daß ich ihn habe, sonst wäre ich den ganzen Abend allein.
Man sieht gut! Probieren Sie es einmal aus, mein Herr. Legen Sie sich aufs Bett, Sie werden sehen, da sieht man gut.
Um sechs Uhr gehe ich ins Bett und drehe sofort auf, aber wenn sie dann mit dem Politischen anfangen und so streiten und raufen, da schreie ich aus dem Bett heraus: Gebt's eine Ruhe!
Und wenn das weiter geht mit den Grobheiten, dann drehe ich den Apparat sofort wieder ab.
Wissen Sie, mein Mann ist 1943 in Stalingrad gefallen, und jetzt im Jänner bin ich vierzig Jahre Witwe. Und jetzt vor Weihnachten werden sie wieder Stalingrad im Fernsehen zeigen, weil es Winter ist:
Winter in Stalingrad!
Da wühlen sie in uns alles wieder auf. Ich will gar nicht erinnert werden.
Alle Tage sind wir vor dem Radio gesessen:
Der Kreis schließt sich immer enger. Alle Tage haben sie es mehr als fünfmal durchgegeben: Der Kreis schließt sich immer enger.
Können Sie sich das vorstellen, was wir Frauen zu Hause mitgemacht haben?
Und dann hörte man im Radio: Stalingrad ist gefallen!
Vor Weihnachten 1942 hat mein Mann geschrieben: Er sieht sich schon mit seiner Liebsten unter dem Lichterbaum sitzen.
Und am Christtag schau' ich aus dem Schlafzimmerfenster hinaus, hat der Briefträger einen Brief nur ans Fenster gesteckt. Weil er zu feige war hereinzukommen.

Der Poststempel zeigte Stalingrad!
Es war ein Flugpostbrief direkt von meinem Mann, und in dem Brief stand:
Es wird kein Wiedersehen geben. Sorge bitte für meine Tochter. Die Aussicht ist null. Null!
Wie er einmal auf Urlaub daheim war, hat er gesagt: Eine Patrone hebe ich mir immer auf. Wenn die Lage sehr schlecht ist, kann ich mich damit erschießen.
Einen Monat nach Weihnachten ist dann die Vermißtenanzeige von der Wehrmacht gekommen: Der Obergefreite Franz Wiesner, Angehöriger der 6. Armee, ist vermißt.
Schauen Sie sich das Bild an, das ist mein Mann in Uniform. Schauen Sie nur, solche Menschen haben sie ermordet. Immer trifft es die Armen!
Noch heute gehen die Nazifrauen eingehängt mit ihren Männern, und ich sitze allein da . . .
Ich könnte sie alle aufzählen und beim Namen nennen.
Nach dem Krieg haben dann alle Frauen wie wild einen Mann gesucht.
Aber ich?
Die Falotten sind heimgekommen, und die Anständigen sind draußen im Feld geblieben. Und einen Falotten wollte ich nicht.
Früher hatte ich schon noch Sehnsucht, aber heute habe ich kein Interesse. Bei mir ist alles abgestorben.
Ich sage es, wie es ist, mein Herr.
Der Primar Pusch sagt: Ich habe zuviel geleistet für meinen Körper. Knochenabnützung, und das ist unheilbar!
Was soll ich machen?
Ich kann nicht mehr wie früher im Bett liegen. Heute tut mir alles weh!
Ich habe ein ganzes Leben lang gearbeitet. In der Nacht mehr als am Tag! Das ist das Traurige!
Ich habe gewaschen, gebügelt, gekocht, zusammengeräumt, genäht, gestrickt, und, und, und.
Sagen Sie mir, was hätte ich machen sollen?
Aber heute, die Ruhe tut mir gut.
Ich kann die Nacht schlafen, ja sogar durchschlafen.
Ich habe auch keine Angst, trotz des Fernsehers, wo ich soviel Schreckliches erfahre. Wirklich! Ich habe keine Angst.
Mein Gott im Himmel, es ist mir noch nie etwas Schlimmeres passiert.
Ich danke Gott für seinen Schutz.
Mein Vater hat erzählt, er habe einmal einen alten Kapitän gefragt: Hast du keine Angst, immer zwischen Himmel und Wasser, daß dir dabei etwas passiert, mitten auf dem Meer?
Hat der Kapitän zu meinem Vater gesagt: Du gehst alle Tage ins Bett, wo deine Vorfahren darin gestorben sind.
Verstehen Sie, mein Herr!
Ich sage es offen und ehrlich:
Ich habe keine Angst.
Abends sperre ich immer ab.

Dann spritze ich mit der Mutter Gottes von Lourdes, die mit geweihtem Wasser gefüllt ist, alles ein, mache dazu mit der Hand ein Kreuzzeichen und bete noch ein kleines Stoßgebet: Gott beschütze mich, meine Tochter und ihre Kinder.
Dann denke ich noch an meine ganzen Toten, die schon vorausgegangen sind, und sage:
Du himmlischer Vater, laß sie ruhen in Frieden.

Die Rumpelkammer
oder: Was man da alles herinnen hat! Man glaubt es kaum!

Ein alter *Feuerwehrhelm,* der ist noch von meinem verstorbenen Mann. Den haben die Herren vor dem Zweiten Weltkrieg getragen. Mein Mann bekam die fünfundzwanzigjährige und vierzigjährige Medaille für treue Mitgliedschaft, die habe ich leider verloren. Er lebte nur für die Feuerwehr. Immer, wenn die Sirene heulte, war er der erste beim Feuerwehrhaus. Das gehört sich, sagte er dann, so sollten die anderen auch sein.

Die *Sturmlaterne* ist schon über fünfzig Jahre alt. Wenn wir in die Nacht hineingefahren sind, haben wir sie am hinteren Ende des Truhenwagens aufgehängt. Ich erinnere mich noch stark an eine Kindstaufe, wo wir danach durch dichten Nebel lange fortgefahren sind.

Die *Glocke,* die klingelt noch wie vor vielen Jahren. Die ist sicher schon über siebzig Jahre alt. Sie war vorne beim Pferd am Kummet angebracht. Wie wir junge Mädchen waren, da sind wir manchmal mit dem Pferdeschlitten ausgefahren. Einmal kamen die Burschen und haben uns vom Wagen heruntergezerrt, und dann sind wir im Schnee herumgekugelt. Und das Pferd hat mit der Glocke gebimmelt und gebimmelt.

Die *Peitsche,* gleich daneben, ist eine handgedrehte und war für das Antreiben der Pferde. Aber seit fünfzehn Jahren besitzen wir kein Roß mehr. Mit dem Geld haben wir uns gleich darauf einen Traktor gekauft.

Die *Kredenz* stammt aus den zwanziger Jahren und ist im dreiundsiebziger Jahr aus der Küche in die Rumpelkammer gekommen. Jetzt ist die Küche etwas moderner, und alles schaut einheitlicher aus. Trotzdem ist es nicht mehr neu. Für mich ist es aber gut genug!

Der *Geschenkkorb,* der ist leer und alt. Den kaufte ich meinen Eltern zum fünfundzwanzigsten Hochzeitstag. Seitdem wandert er von Jubiläum zu Jubiläum. Vor vierundzwanzig Jahren füllte ich ihn einmal für eine silberne Hochzeit. Vor zwanzig Jahren feierte ich den fünfzigsten Geburtstag, und da ist er wieder an mich retourgegangen. Beim Achtziger meiner Mutter habe ich den Korb wieder vollgemacht, und von da ist er dann zu einer Rosenhochzeit in meiner Verwandtschaft gewandert. Nach vier Jahren hat ihn mir meine Nichte zurückgeschenkt. Da war ich fünfundsechzig. Voriges Jahr hat der Nachbar seinen Siebziger gefeiert, da habe ich eine billige Goldfarbe gekauft und den Korb von oben bis unten vergoldet, wieder mit guten Sachen angefüllt und auf dem Boden einen Zettel eingeklebt: »Wenn leer, bitte wieder zurück!«

Ah, da hängt das *Kellerzögerl!* Es ist aus Bast, und wenn mein Mann aufs Feld ging, gab er eine Flasche hinein. Manchmal auch Fleisch und Brot. Abends, wenn er nicht nach Hause kommen wollte und anschließend in den Keller ging, hat er alles mitgehabt, was er fürs Nachtmahl brauchte. In der Nacht ist er dann oft betrunken nach Hause gekommen und hat gesagt: »Heute brauche ich kein Futter nimmer, ich habe bereits im Keller gefuttert.«

Die *Mehltruhe,* mit der war es einmal so: Die war abgeteilt in Weizenmehl und Brotmehl. Beim Brotbacken gab ich oft ein kleines Schauferl Vorschußmehl dazu. Jetzt ist die Truhe aber leer. Heute kaufe ich das Mehl im Supermarkt. Da ist es billig und paketiert. – Von irgendeiner Schauspielerin habe ich vor kurzem gelesen, daß sie ihr Brot selber bäckt. Wir machen das nicht mehr! Die Kleie hat bei uns früher die Sau und die Kuh gefressen, und diese Schauspielerin ißt das alles selbst. Das verstehe ich nicht!

Der *Knoblauch* ist aus unserem Garten, der ist gut fürs Hirn, für das Gedächtnis: besonders wenn man alt wird. Meine Mutter hat viel davon gegessen, und ich mache alles nach der Mutter ihren Rat.
Da fällt mir eine Geschichte ein: Im siebzehnten Jahrhundert haben sie in der Nachbarortschaft einen Schneider aufgehängt. Danach sind viele schwarze Raben herumgeflogen, und der Schneider war noch nicht steif, da haben ihn die gleichen Leute vom Baum wieder herabgenommen. Darum heißen sie heute noch Schneiderhänger.
Wenn Sie es genau wissen wollen, fahren Sie nach Eibesthal. Seien Sie aber vorsichtig, wenn Sie danach fragen, denn das Wort Schneiderhänger hören die gar nicht gern.

Hier hängt das Bild von der *Zita* in meiner Rumpelkammer. Da ist sie, wie sie noch jung und schön war. Ich dachte immer, der Franz sei ihr Mann. Aber ihr Mann hat Karl geheißen, der Kaiser Karl. Übrigens, wissen Sie, daß der Kaiser in Mallorca gestorben ist? Das weiß ich alles aus der Neuen Post, und im Bauernbündler ist es auch gestanden.

Der *Fernseher* funktioniert noch! Den hebe ich auf jeden Fall auf, denn sollte beim Farbfernseher einmal etwas sein, dann habe ich noch immer den schwarzweißen Apparat. Farbe gefällt mir auf jeden Fall besser. Man könnte auch sagen: das ist mein Reservefernseher.
Passen Sie einen Moment auf, mein Herr! Schauen Sie beim Fenster hinaus! Der Kleine, der draußen vorbeigeht, das ist der Kruspel. Ein alter Mann mit vielen Faxen im Kopf. Der marschiert geradewegs auf die heutige Leich'.

Der *elektrische Ofen* war für die Übergangszeit. Ich erinnere mich noch, da war einmal ein Werbevortrag über Waschmaschinen und elektrische Öfen. Da bin ich hingegangen. Wir bekamen ein jeder sogar ein Gratiswürstel und ein Getränk. Da habe ich mir auch den Ofen gekauft. Eine Waschmaschine hatte ich zu der Zeit schon, sonst hätte ich mir glatt eine gekauft. Man konnte ja alles in Raten zahlen.

Die *Nähmaschine* hat mein Vater für meine Mutter gekauft. Da kam er zufällig bei einer Versteigerung zurecht. Im fünfundvierziger Jahr haben die Russen viel gestohlen. Sie wissen ja nicht, wie es damals zugegangen ist. Da hat man verstecken können, was man will, die haben alles gefunden. Die Nähmaschine nahmen sie aber nicht mit. Die ist im fünfundvierziger Jahr auf dem Mist gestanden, und wie meine Mutter dann gestorben ist, habe ich sie bekommen. Früher nähte ich noch Herrenhemden und Unterhosen selbst, aber heute mache ich nichts mehr.

Der *Spiegel,* der stammt auch von meinen Eltern. Der ist einmal im Wohnzimmer gewesen, und früher, wenn ein Ball war, zum Beispiel der Kameradschaftsball von den Heimkehrern, da haben sie in den Sälen Spiegel aufgehängt. Da haben auch wir unseren hergeborgt, und dadurch, daß er schief an der Wand montiert war, sahen wir uns immer beim Tanzen.

Die *Wärmelampen* sind für die Ferkel. Da sind Infrarotbirnen reingeschraubt. Die Nutscherln sind immer gern daruntergegangen, und dann schauten sie so schön rosa aus. Ihre Haut war so dünn und durchscheinend, das können Sie sich gar nicht vorstellen. Die Lampen sollen auch für die Gesundheit sein, haben sie uns gesagt.

Ich weiß nicht, warum ich das noch aufhebe: das alte *Heiligenbild!* Es gefällt mir nicht mehr so gut: Maria mit dem Jesus und ein paar Engerln herum. Ich weiß nicht, wo das ist. Ist das im Himmel oder nicht? Ich bin keine Dichterin. Gekauft haben wir das in einem Spielzeuggeschäft vor vielen Jahren.

Und die *Stiefel,* die ganz hinten im Eck liegen, hat mein Mann von seinem Schwager geerbt. Die zieht niemand mehr an, weil sie steif geworden sind. Aber wegwerfen möchte ich sie auch nicht. Nein, wegwerfen sollen das einmal die anderen, dann, wenn ich tot und steif bin.

Frohe Weihnachten

Ein Holzkreuz, darauf der Plastikkörper Jesu Christi. Das Bild des Präsidenten auf farbigem Kunstdruckpapier gleich daneben und etwas darunter ein kleines Thermometer, das 24 Grad Wärme anzeigt. Diese Gegenstände umgeben eine grüne Schultafel, auf der mit weißer Kreide und in großen Buchstaben »Frohe Weihnachten« geschrieben steht.
Sehr alte und steinalte, gebrechliche und müde Frauen nähern sich langsam dem Klassenzimmer. Junge Mädchen in bunten Landkleidern empfangen die Besucher und begleiten sie zu einem Sitzplatz.
Der Grund ihres Kommens ist ein handgeschriebenes Plakat auf dem Tor des Feuerwehrhauses: »Die Jugendsinggruppe veranstaltet in der Dorfschule einen Altennachmittag mit Kaffe, Kuchen und Gesang.«
Weiße Tischtücher sind über die Schulbänke gebreitet. Darauf Teller, Kaffeetassen, trockene Bäckerei und zerronnenes Kerzenwachs.
Dazwischen duftendes Tannenreisig und Schweigen.
Ein fröhlicher alter Pfarrer ist der einzige männliche Gast außer mir, dem Zuschauer. Die Männer des Dorfes gehen lieber ins Wirtshaus.
Mit leiser, zurückgedrängter Stimme erzählen die alten Frauen von vertrauten Angelegenheiten und gewesenen Zeiten.
»Das Leben ist vorbei«, sagt eine von ihnen. Sie wirkt niedergeschlagen und todunglücklich.
»Aber noch nicht ganz«, sagt der Pfarrer, belustigt und wie immer voller Hoffnung.
Die jungen Mädchen haben einen Halbkreis gebildet und singen ein Weihnachtslied nach dem anderen, gnadeverheißend und mit lautem Halleluja. Nach dem »Süßer die Glocken nie klingen« läuten – wie abgemacht – die Kirchturmglocken.
Diesen Moment benützt der Pfarrer, um ein paar Worte zu sagen:
»Keine Angst, meine Schäfchen, wir kommen näher dem Herrscher über Himmel und Erde. Wir alle haben noch Begegnungen mit der Jugend, mit den Nachbarn – nicht wie in den Betonwüsten einer Stadt. Vielen, vielen Dank den jungen Mädchen!«
Dann teilt er den Segen aus, und die Frauen sagen laut: »Vergelt's Gott!«
Als Abschiedslied bringt die Singgruppe: »Es wird scho glei dumpa, es wird scho glei Nacht.«
Draußen ist es inzwischen schwarz geworden.
Behutsam und übermüdet, mit glitzernden Tränen und süßem Gaumen gehen die Alten in die Dunkelheit.

Mein herzliches Beileid

In einer kleinen, kuppelartigen Leichenhalle mit einem kreisrunden Loch in der Decke, das zum Himmel zeigt, steht eine Glasvitrine. Darinnen ein nagelneuer Sarg, der die einsame dicke Rosalia birgt. Nur das sich immer wiederholende Ein- und Ausschalten des Kühlaggregats, das verhindern soll, daß »die Leich' zu stinken beginnt«, unterbricht die Stille im Raum. Ein plötzlich einsetzendes Vaterunser und »Gegrüßet seist Du Maria« soll die Wartezeit verkürzen. Die Neugierigsten des Dorfes drängen sich beim Eingang zum Totenhaus, die nahen Verwandten umringen die funkelnde Glasvitrine.
Alles wartet auf den Pfarrer.
Mit dem Geistlichen kommen auch die Ministranten, der Totengräber, die Blaskapelle und der Kirchenchor.
»Herr, Du hast meine Mitschwester Rosalia zu Dir gerufen, nimm ihr alle Schuld, und schenke ihr den Frieden, den ihr diese Welt nicht geben kann«, beginnt Hochwürden seine kurze Ansprache. Mit einer routinierten Kopfbewegung gibt er dem Ministranten zu erkennen, daß der Verstärker zu laut für dieses kleine Leichenhaus eingestellt ist.
Ein kurzes Nicken in Richtung Kirchenchor ist das Zeichen für ein von alters her überliefertes Lied:
»Ach wie nichtig, ach wie flüchtig, sind der Menschen Sachen! Alles, alles, was wir sehen, das muß fallen und vergehen. Wer Gott fürcht', wird e-w-i-g stehen.«
Nach einem abermaligen Vaterunser und »Gegrüßet seist Du Maria« heben die Feuerwehrmänner den Sarg auf einen fahrbaren Untersatz.
So geht es in die nahe gelegene Kirche. Zurück bleibt nur die leere Vitrine mit abgeschaltetem Kühlaggregat. Kälte und Stille.
Die Anschlagtafel am Kirchentor zeigt mehrfach die Ankündigung der Totenfeier:
»Gott, dem Allmächtigen Herrn über Leben und Tod, hat es in seinem unerforschlichen Ratschluß gefallen, unsere gute Mutter, Schwieger- und Großmutter, Tante und Cousine, Frau Rosalia Zechmeister, geborene Graf, am Dienstag, dem 23. November 1982, nach langem, schwerem Leiden, gestärkt durch die heiligen Sakramente, im 87. Jahr aus diesem Leben abzuberufen.
Was an unserer lieben Heimgegangenen irdisch und vergänglich ist, wird am Samstag, dem 27. 11. 1982, um 14 Uhr in der Aufbahrungshalle feierlich eingesegnet, in die Pfarrkirche zum heiligen Nikolaus getragen und nach dem feierlichen Requiem im Familiengrab zur letzten Ruhe beigesetzt.
Wir bitten, ihrer im Gebete zu gedenken.«
In großen Leuchtziffern erscheint die Nummer 987 auf der Digitalanzeige. Hastig blättert die Trauergemeinde im Einheitsgesangbuch der Österreich-Ausgabe.
Nach dem Schlußsegen – »Im Wasser wurdest du getauft, der Herr vollende, mit dem Er begonnen hat. Er gebe dir auch Heimat und Wohnung« – ordnet sich der Trauerzug für den Gang zur Begräbnisstätte.
Grimmige alte Heimkehrer, die Hände auf den Stock gestützt, die Orden zurechtgerichtet, flankieren die Vorbeiziehenden. Der lange Weg zum Friedhof wird schweigend zurückgelegt.

Das offene Grab, umgeben von vielen »Letzte-Grüße«-Kränzen, wird die neue Unterkunft der Verstorbenen.
»Aus Erde sind wir entstanden, die Erde nimmt uns wieder auf.«
Die Trauernden eilen ins Gasthaus zum Leichenschmaus. Die Verwandten der Verstorbenen gehören zu den Reichsten des Bezirkes, somit ist beinahe das ganze Dorf eingeladen.
Ein grauer Plastikvorhang teilt die Angehörigen und die Dorfbevölkerung in zwei Gruppen. Auch an den Speisen ist die Trennung feststellbar: Schweinsbraten mit Knödel und Salat für die Leidtragenden, Gulasch und Gebäck für den Rest.
»Die Jungen bekommen das magere Fleisch, die Alten das fette, die können ja nicht mehr beißen«, schreit die junge Wirtin durch den Saal.
Getränke sind für alle frei.
»Die Mutter hat die letzten Tage nichts mehr zu sich genommen. Auch ihr Kater wollte nichts mehr fressen«, erzählt die Tochter der Toten. »Sie möchte endlich sterben, sagte sie zum Arzt und verweigerte die letzte Injektion. – Nachts, als sie dann schlief, bekam sie die Spritze doch noch. Aber leider, am nächsten Tag ist sie dann gestorben.«
Rosalia lebte lange Zeit allein, und alle Nachbarn bemühten sich immer wieder, sie zu verheiraten. Justament beim Totenmahl beginnt ihre Freundin damit, daß sie unter Umständen jetzt einen Mann für die Rosalia gewußt hätte.
Zuerst ein verlegenes Lächeln, als das Thema auftaucht. Gleich darauf übermütiges Lachen und Begeisterung. Seltsam verzogene Gesichter und hochrote Köpfe. Dann wieder Tränen, wie zur Entschuldigung für das Gelächter.
Der Pfarrer ist der erste, der geht. Nach und nach verabschieden sich auch die anderen – mit einem herzlichen Beileid.

Ich aber habe den Tod überwunden

Leo braucht sich um die Arbeit nicht zu sorgen. Er ist Steinmetz und Kreuzeschmied und gehört zu den Reichsten im Dorf.
»Sind doch schön, diese Grabsteine, die gefallen halt den Bauern«, sagt Leo und tänzelt mit einem Glas Bier um den Grabstein herum. »Ich bin ein Künstler, aber klarerweise auch ein Geschäftsmann. Immer wenn ich Filme über Maler wie van Gogh oder Dürer seh', da tut mir das Herz weh. Wie diese großen Künstler verreckt sind! Man muß ein Geschäftsmann sein, das sage ich immer.«
Bei diesem Satz zwinkert er mir zu.
»Ein schöner Friedhof wird nur dann gut aussehen, wenn ich von jedem Material etwas da habe«, erklärt Leo. »Schwarz ist eine Farbe, die sowieso Trauer zeigt, man kann schon einen schwarzen Grabstein hineinsetzen, dazwischen wieder einen grünen, einen grauen oder einen hellen Kristalliner. Das lockert den Friedhof auf! Ein Friedhof soll freundlich sein. Wenn man da reingeht, da soll man schauen – da soll man aus dem Schauen gar nicht mehr rauskommen, denn dabei vergißt man seine Sorgen.«
»Bist du ein gläubiger Mensch?« frage ich Leo.
»Ich bin gläubig, aber keiner, der so scheinheilig in die Kirche geht. Ich gehe nur, wenn ich das Bedürfnis habe, und das ist selten. In meiner Freizeit, die mir noch bleibt, gehe ich in die Berge. Da höre ich dann das Glockengeläute vom Tal herauf, und da kann ich genauso andächtig sein, als wenn ich unmittelbar dabei bin. Da bin ich doch auch ein Gläubiger und sogar näher dem Herrgott im Himmel als derjenige, der vielleicht in die Kirche geht. Nur um gesehen zu werden!«
Mitten im letzten Satz beginnt Leo in seiner Geldbörse zu suchen und drückt mir ein kleines Foto in die Hand.
»Den schönsten Grabstein habe ich ja in meinem Büro«, sagt Leo begeistert. »Jahrelang habe ich in meiner Freizeit daran gearbeitet, damit die Inschrift so schön wie möglich wird.«
Ich betrachte das Foto genauer und lese in goldenen Buchstaben auf einem großen, schweren Kristalliner:
»Ich aber habe den Tod überwunden.«

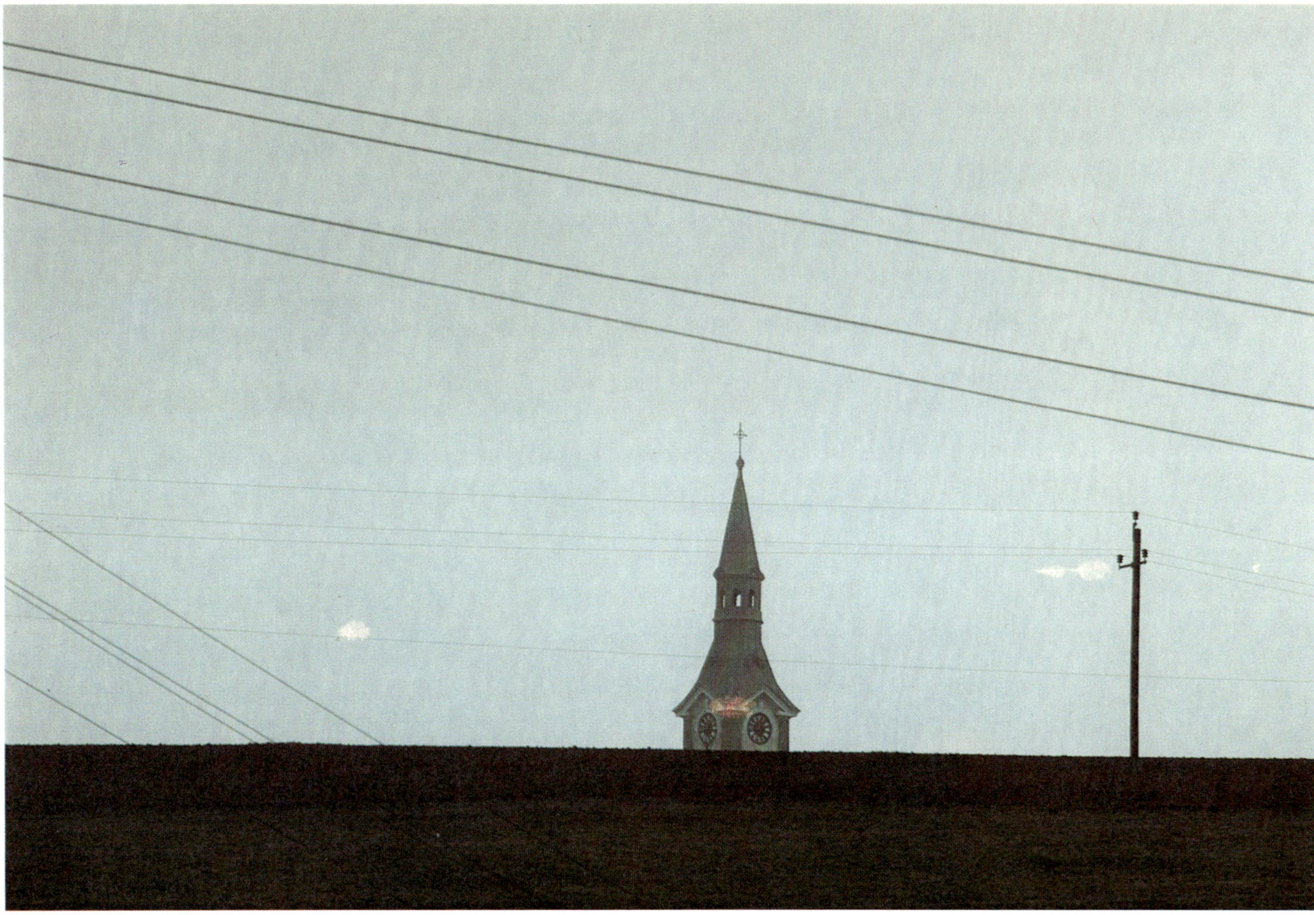

Verkabelt

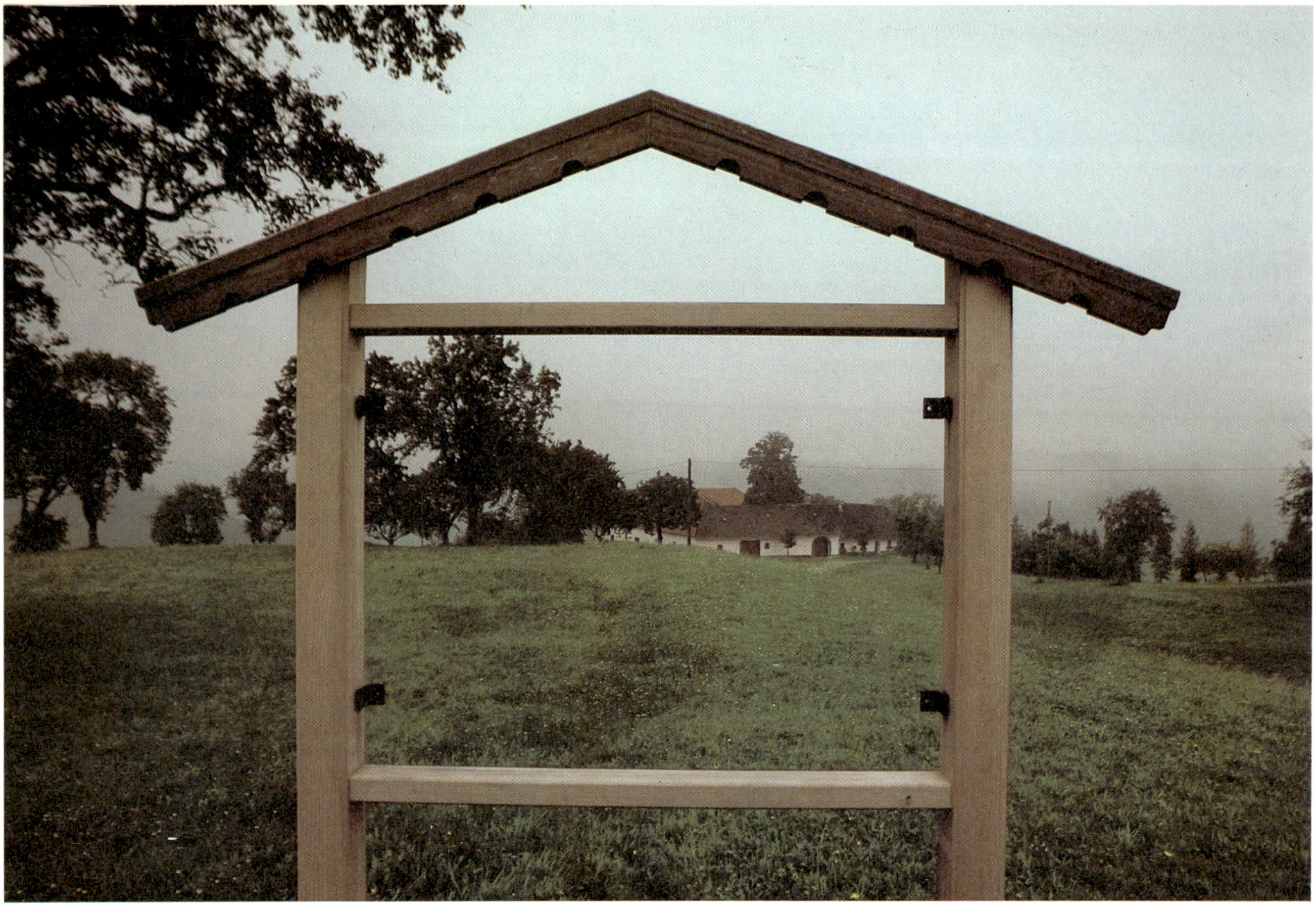

Gerahmt

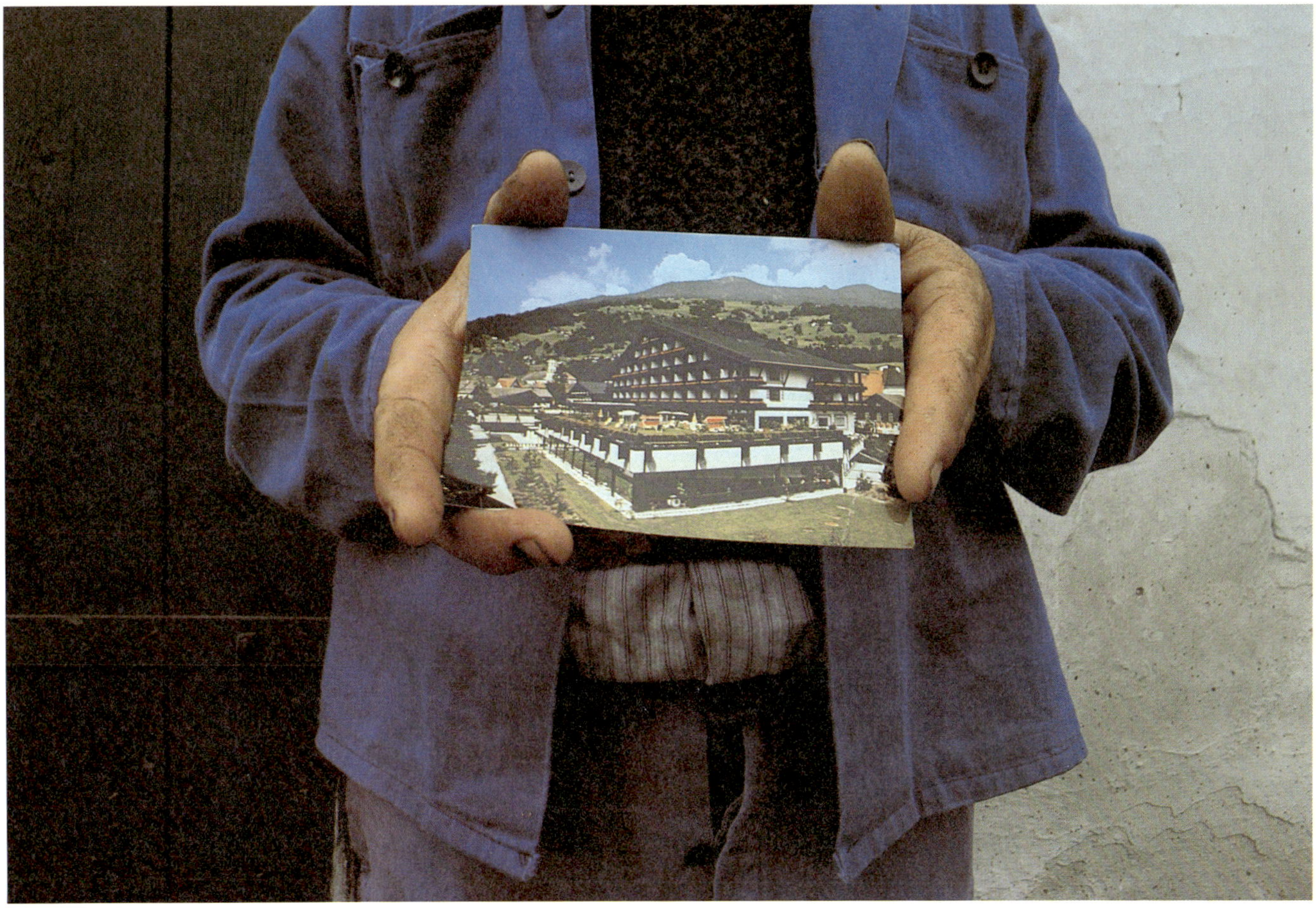

Verkauft

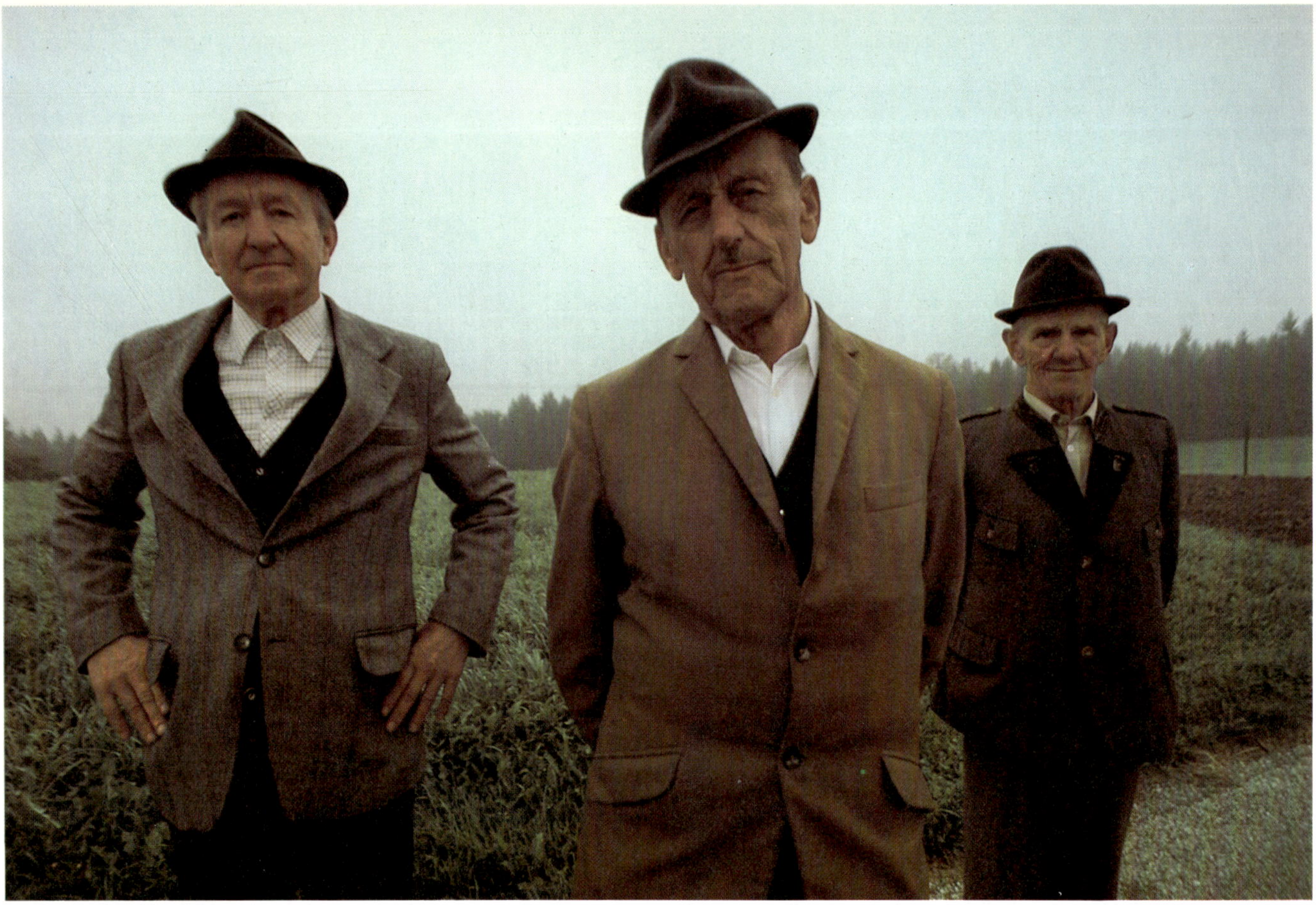

Sonntagsspaziergang

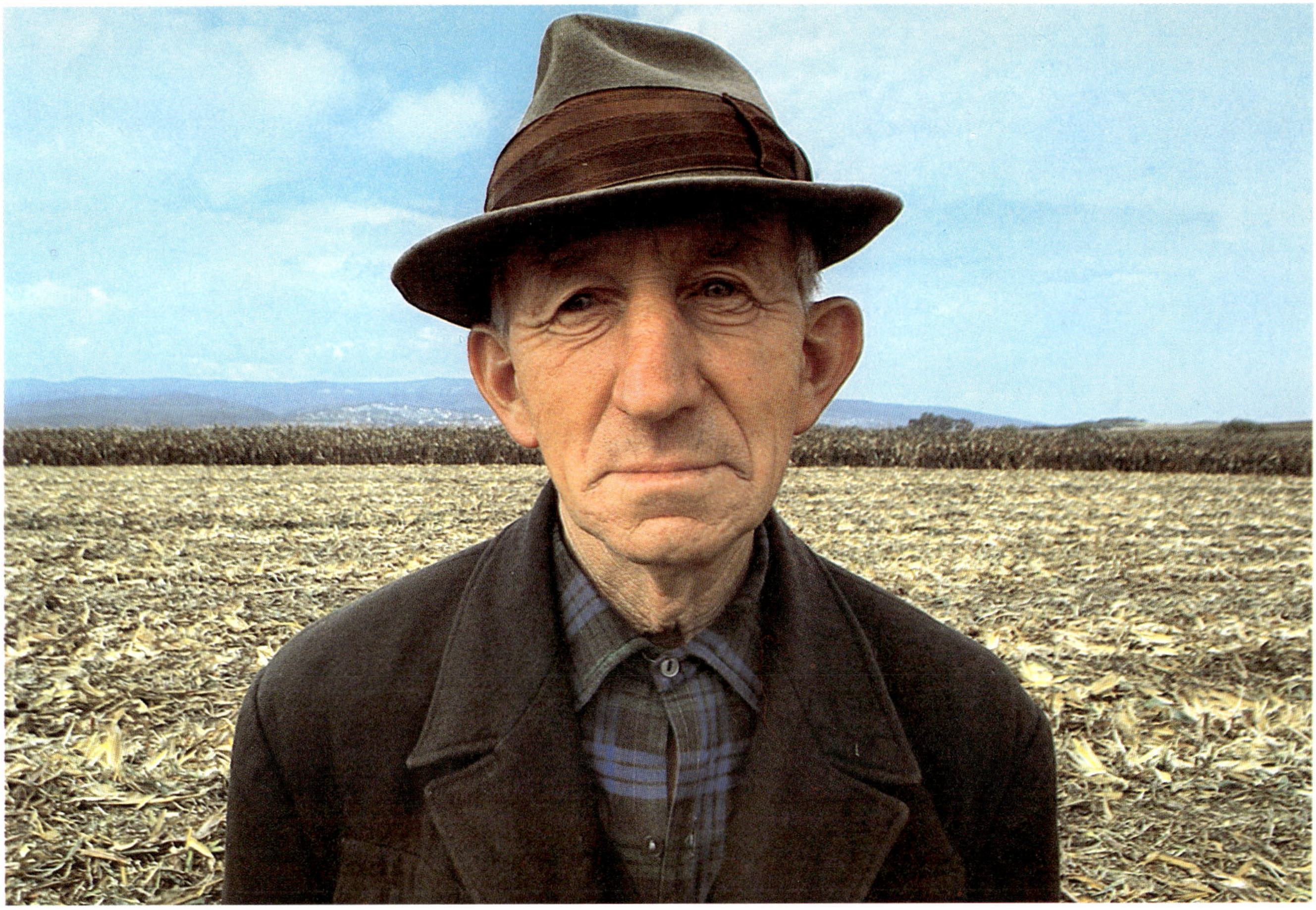

Der Bauer

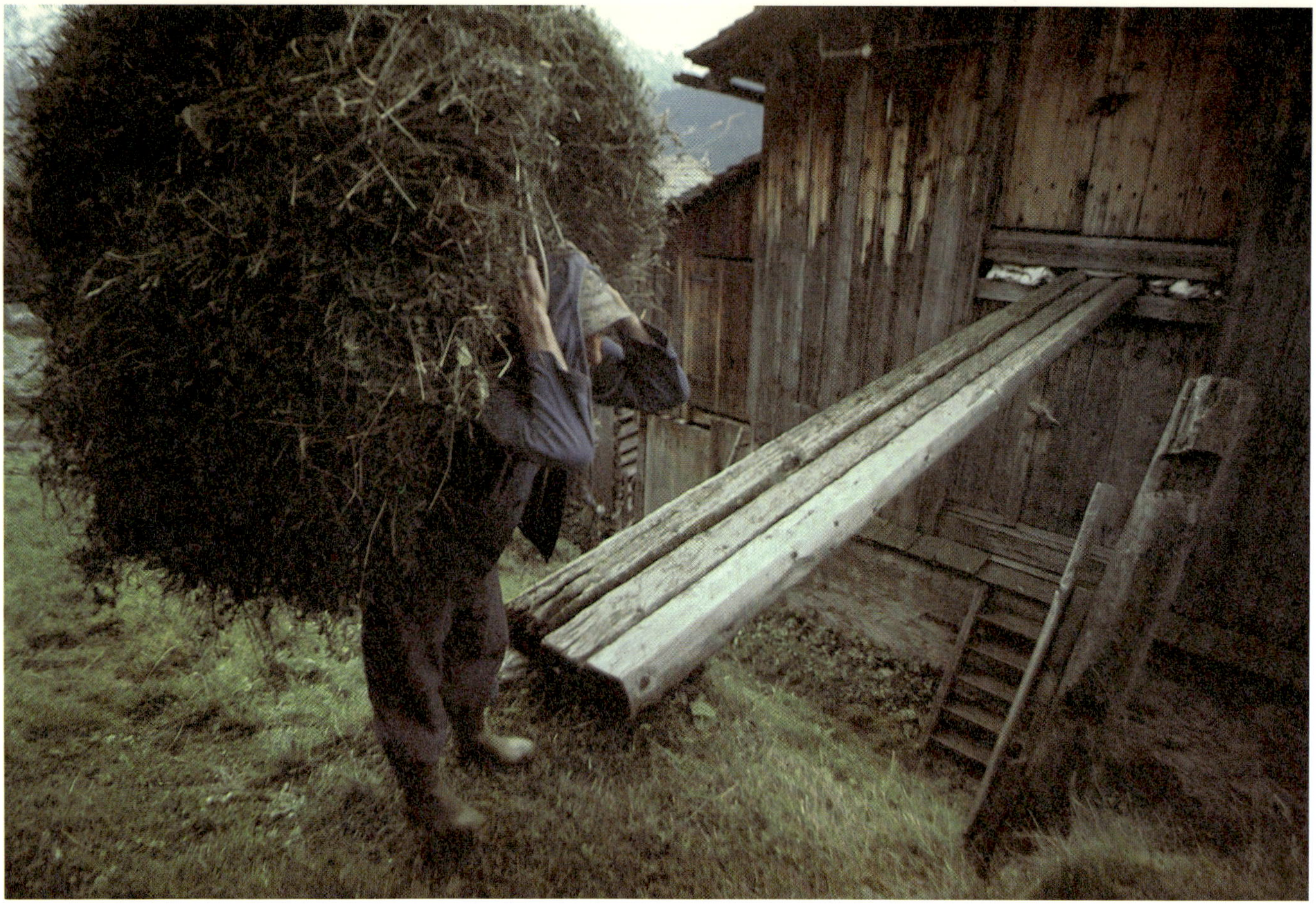

Tagwerk

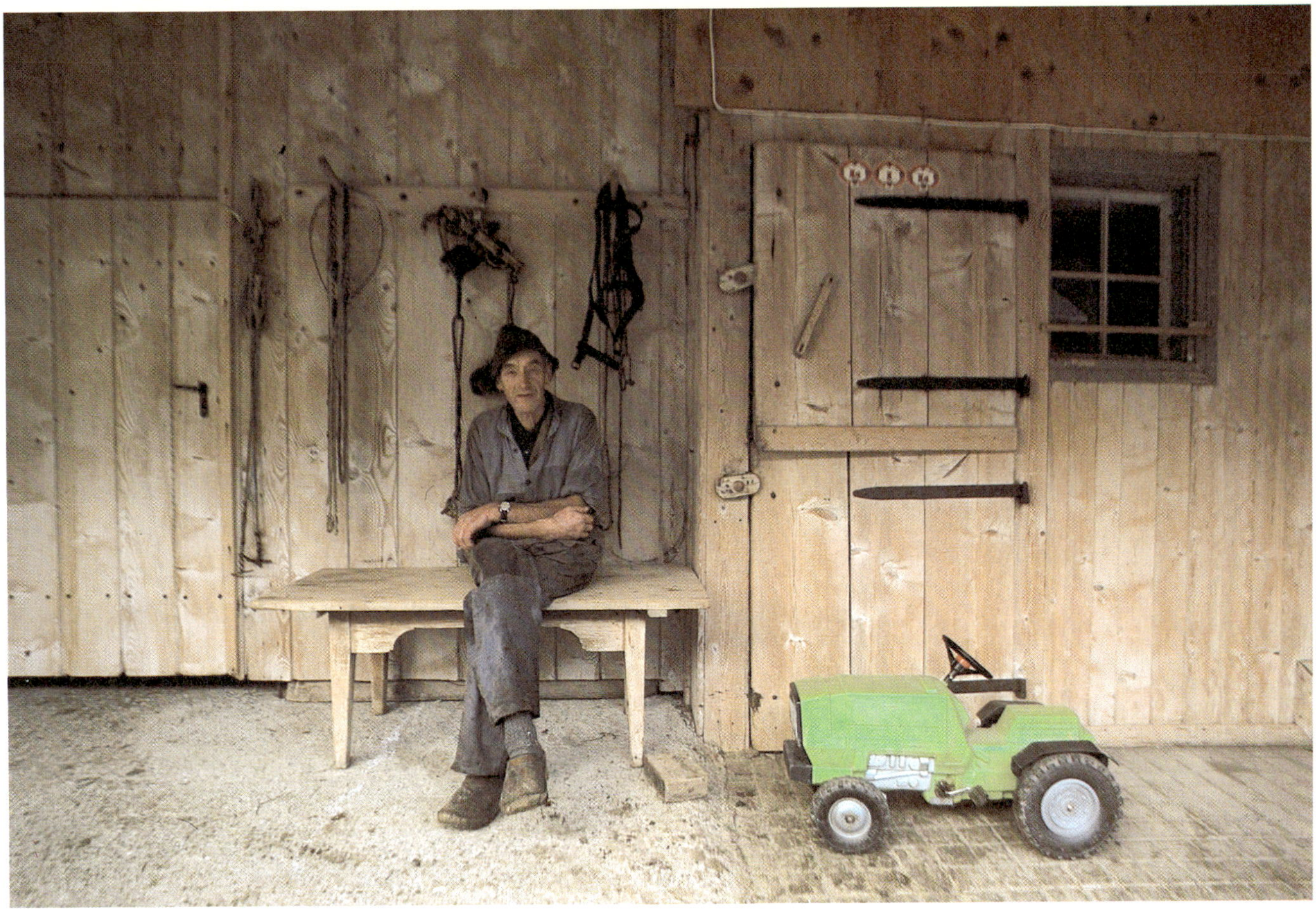

Der Traktor

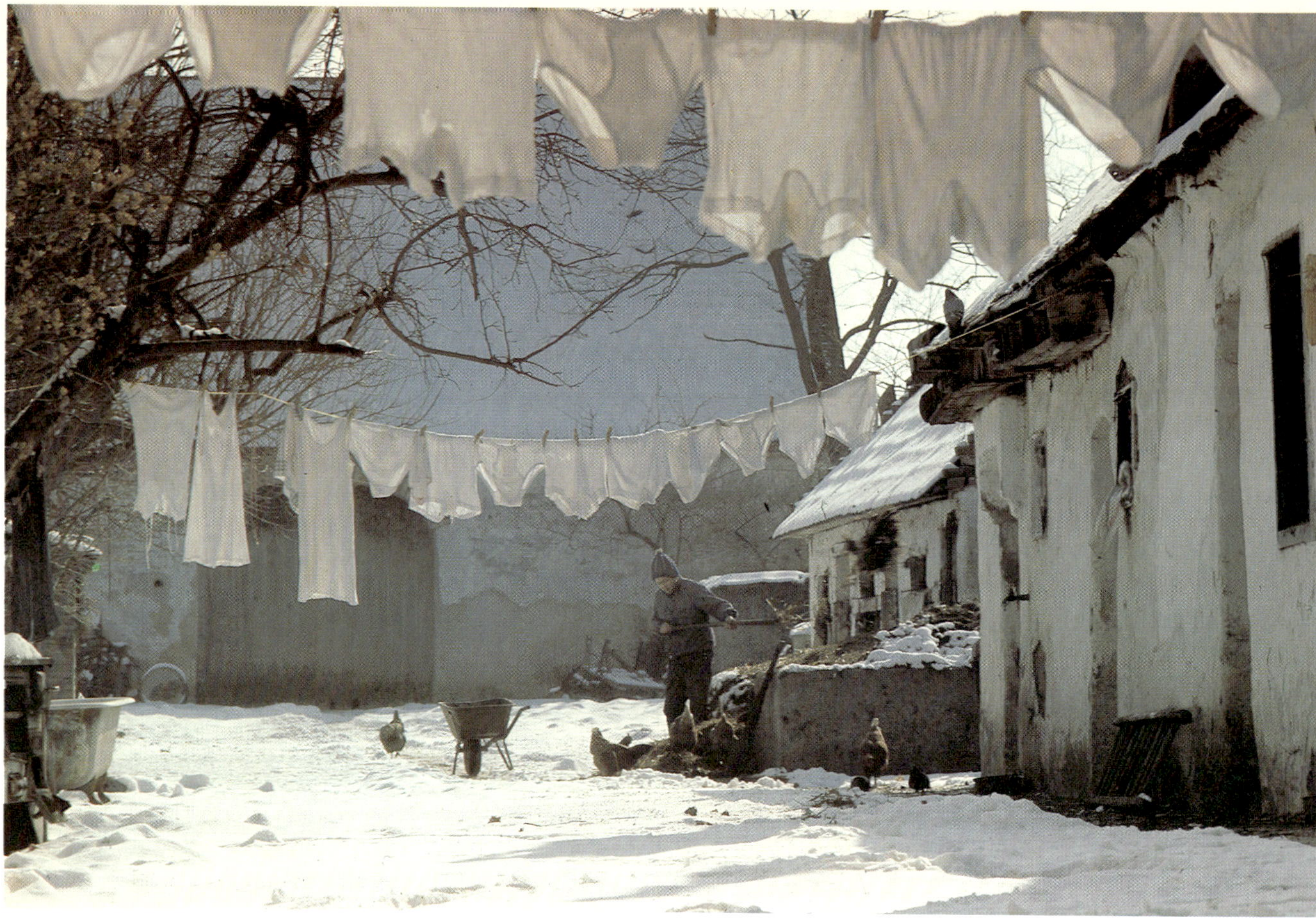

Hofarbeit

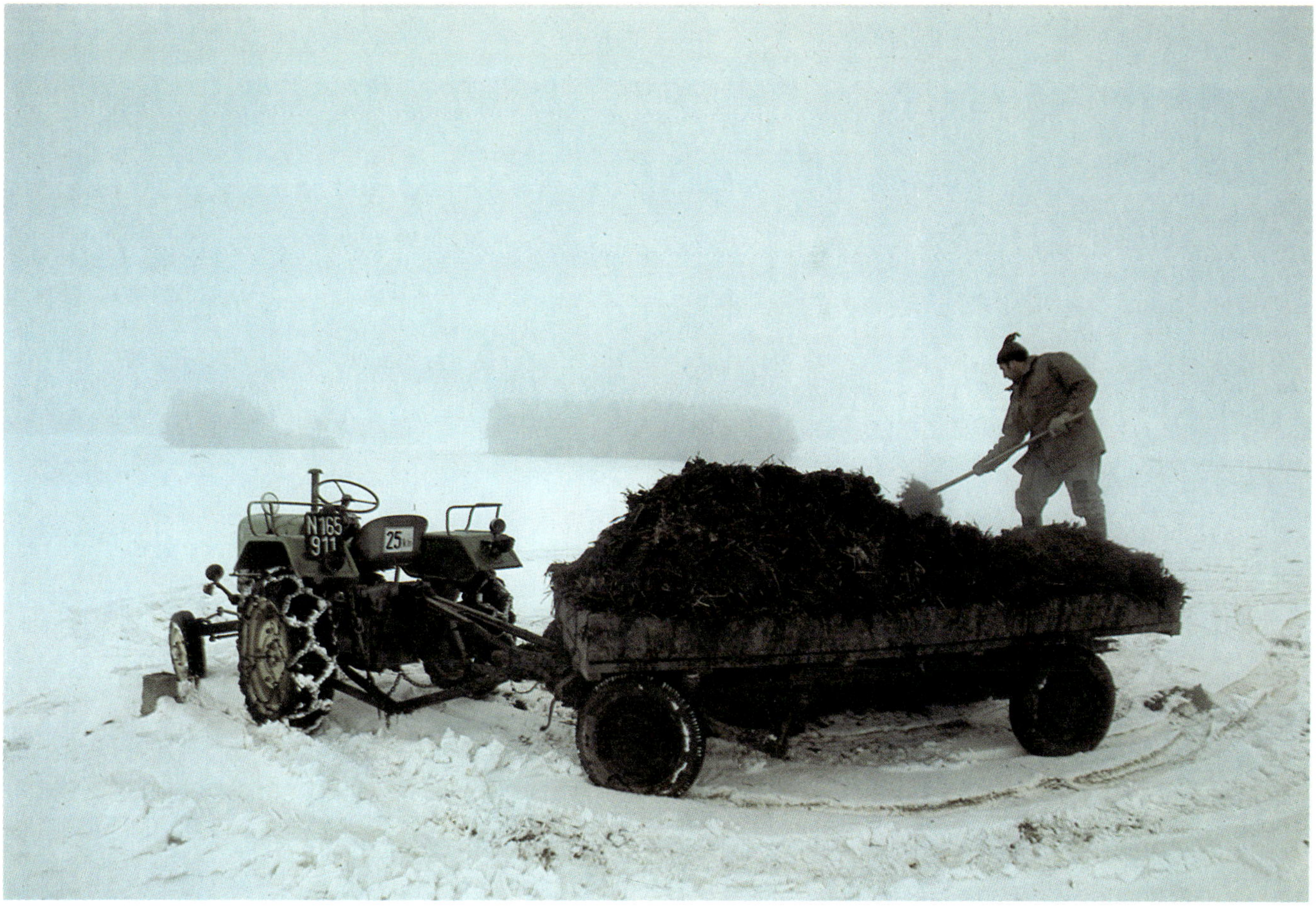

Feldarbeit

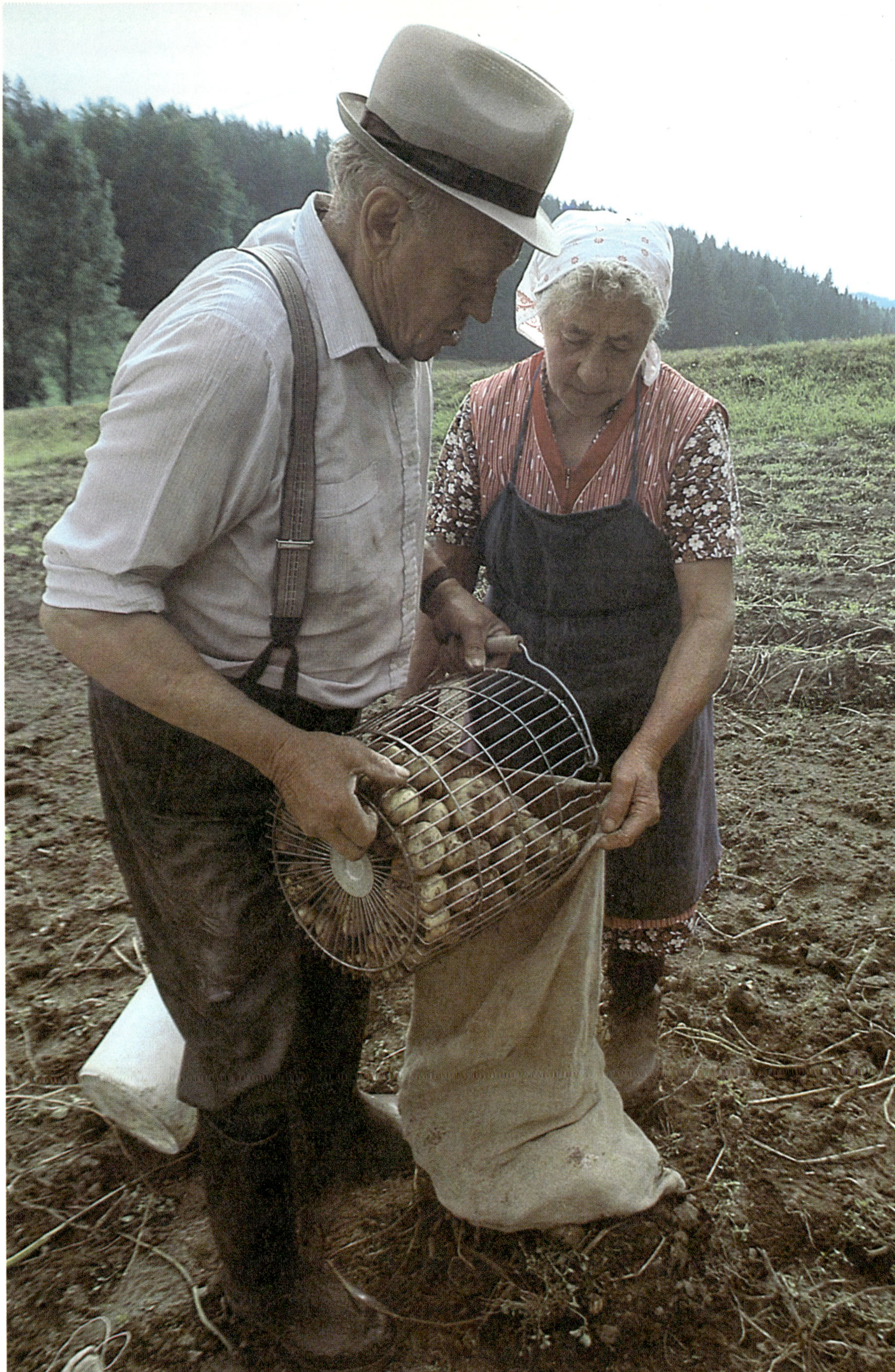

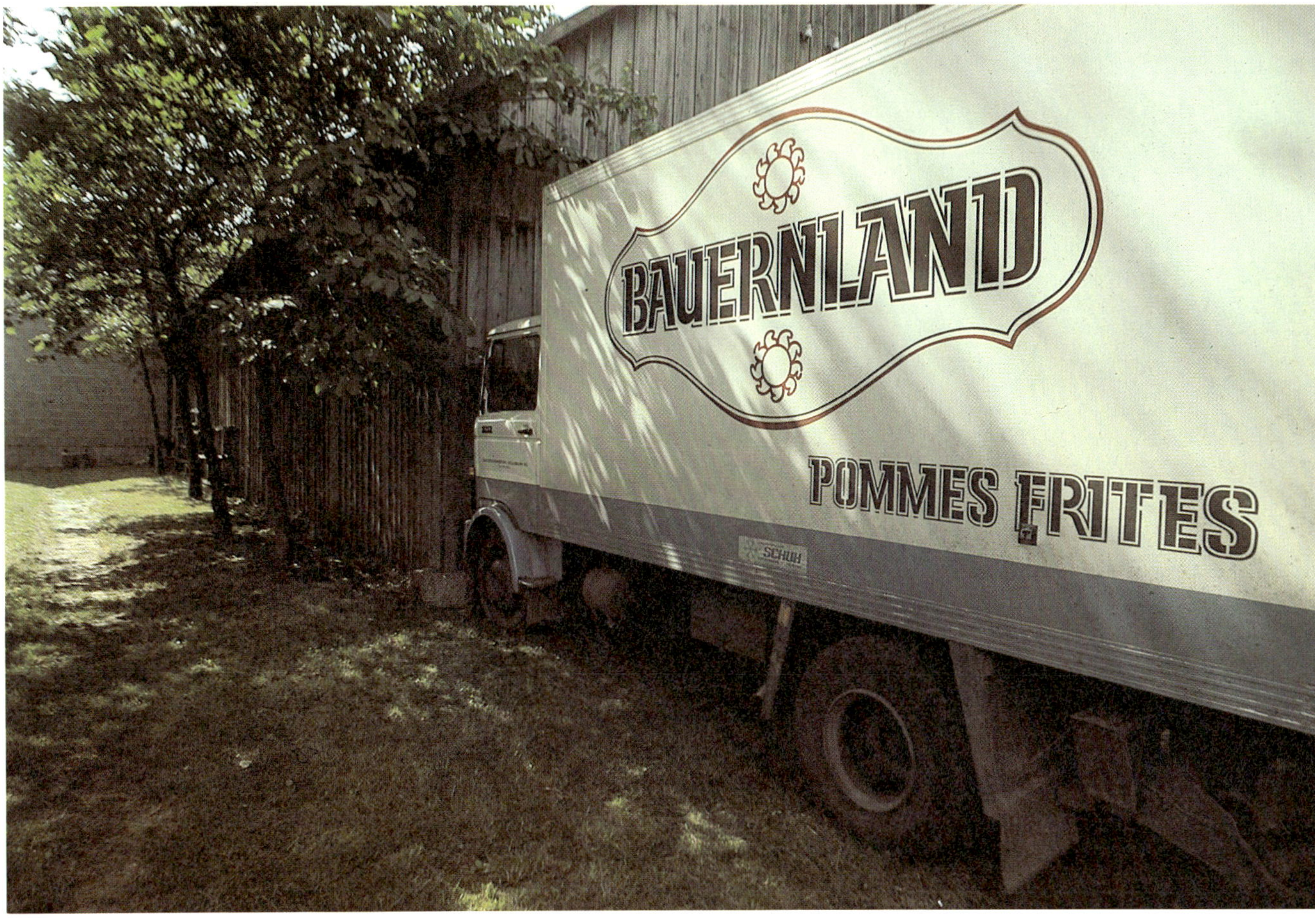

Pommes frites

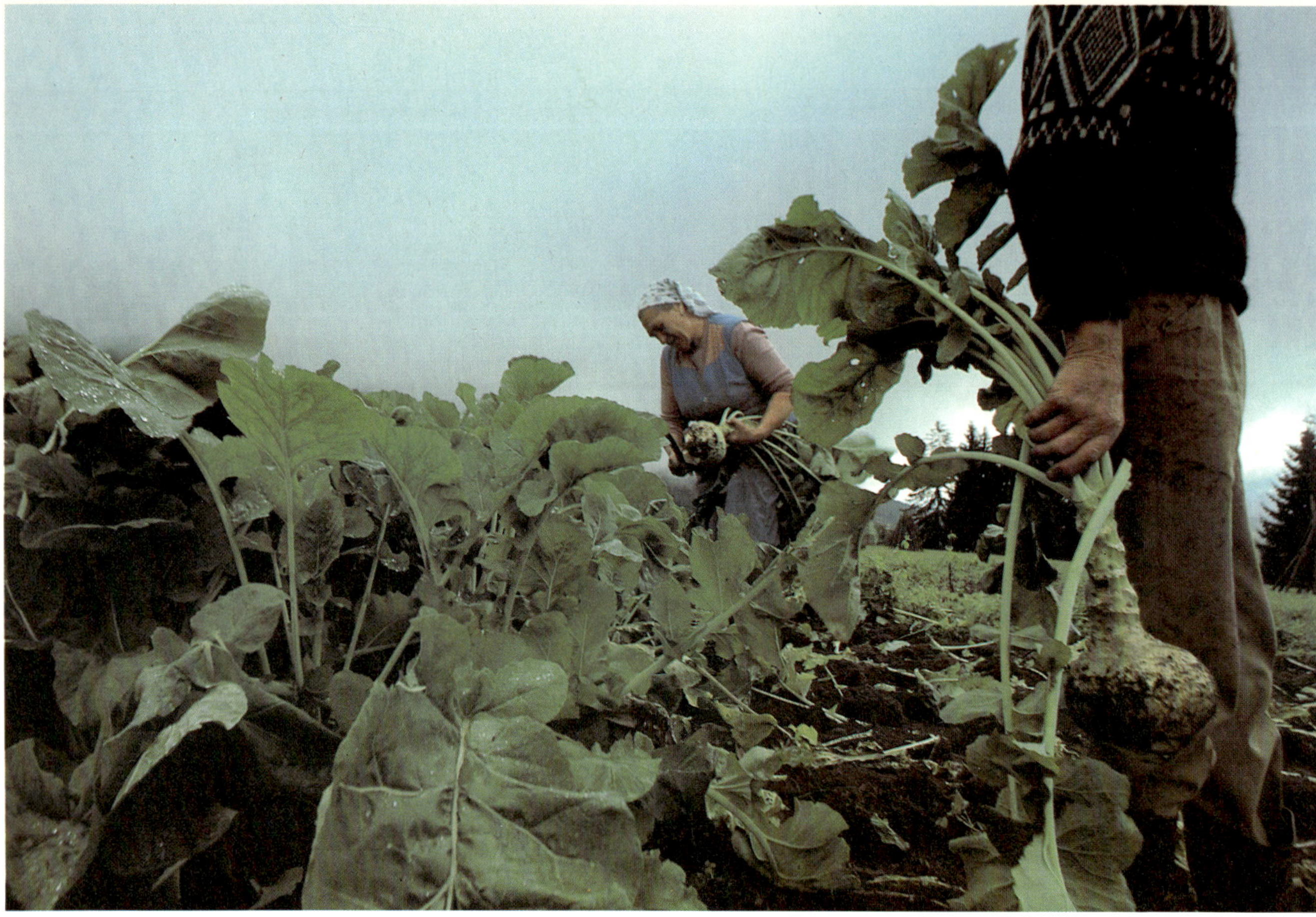

Unsere Landwirtschaft ist bedroht

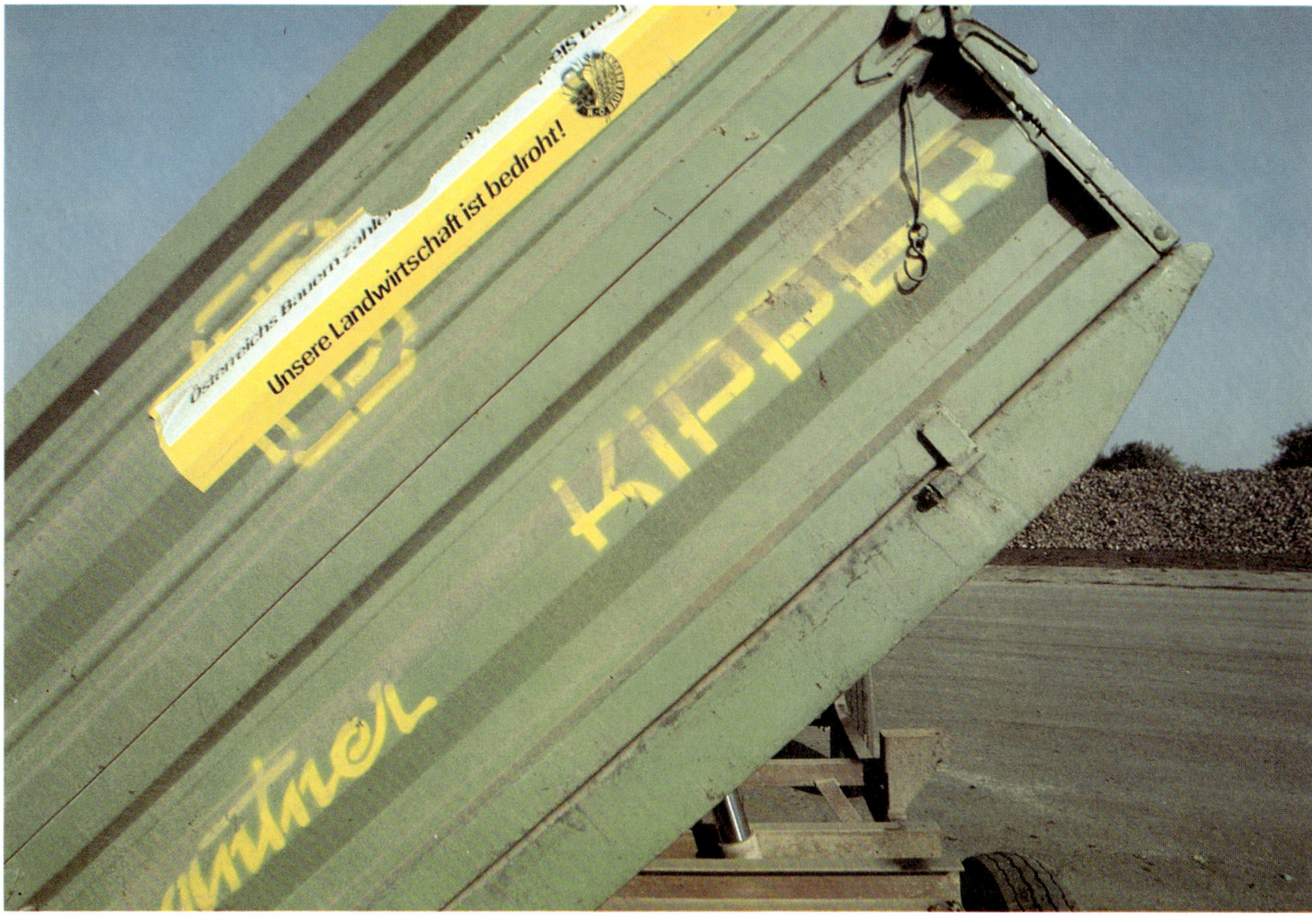

Zuckerrüben

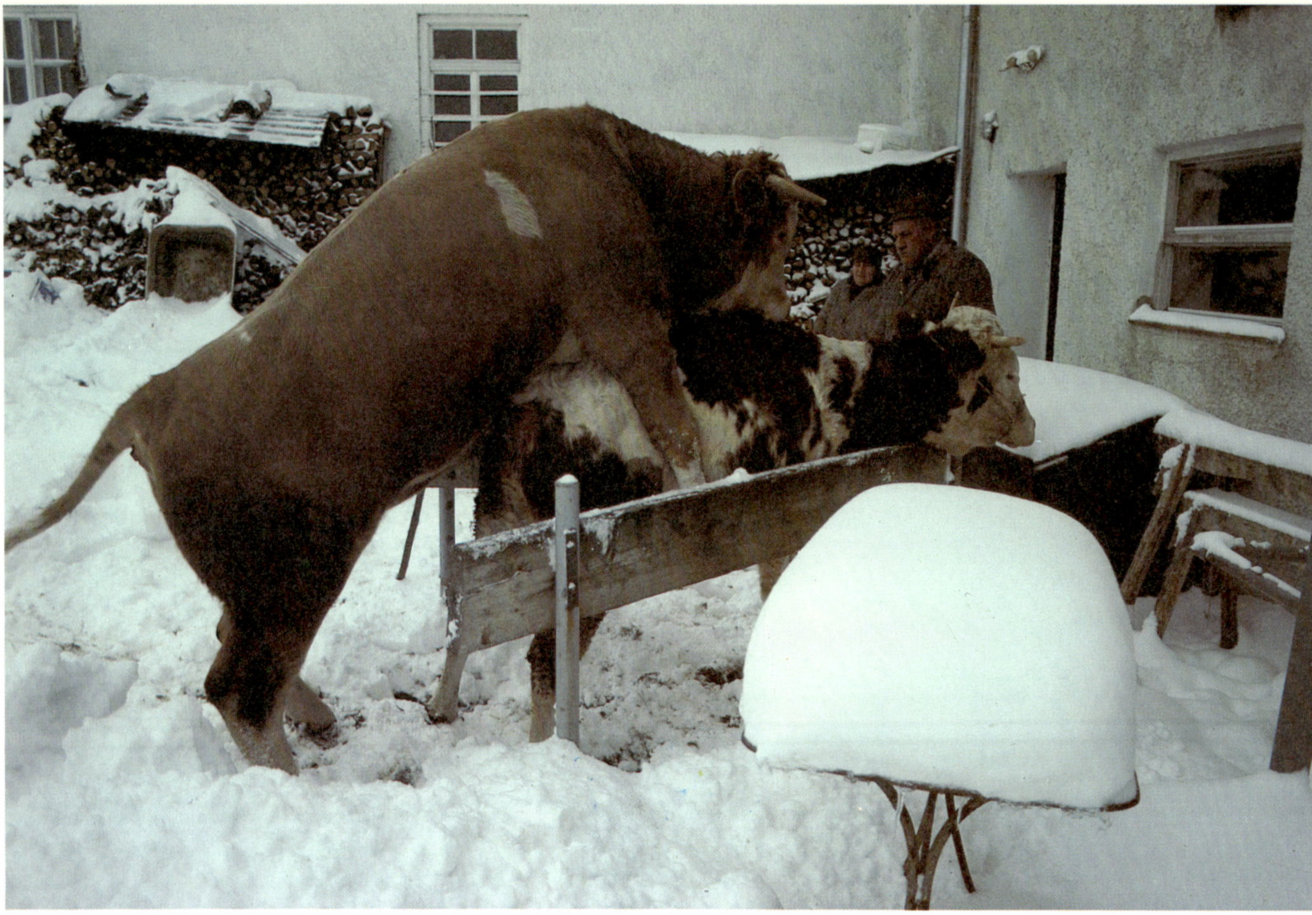

Der Stier

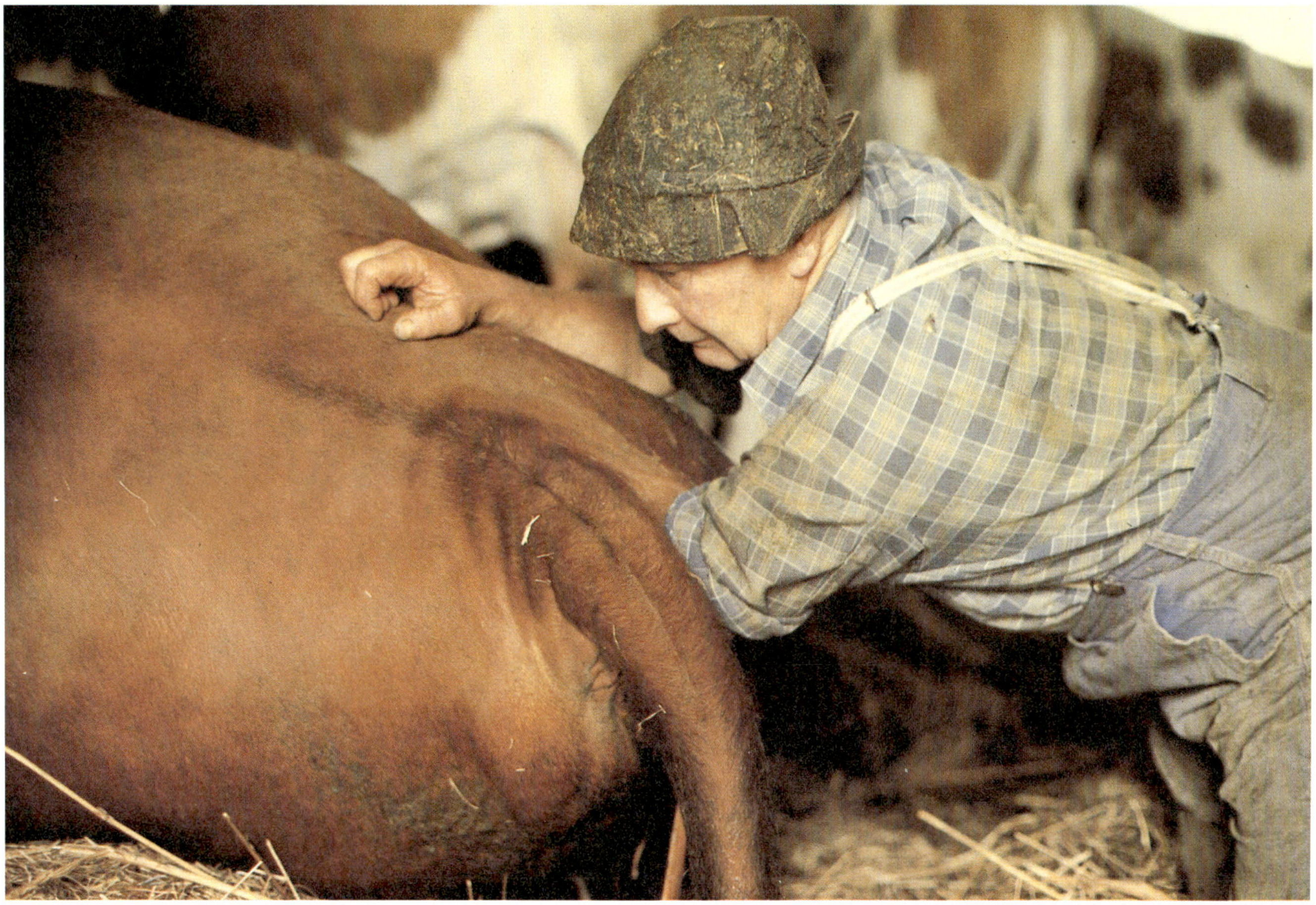

Die Kuh

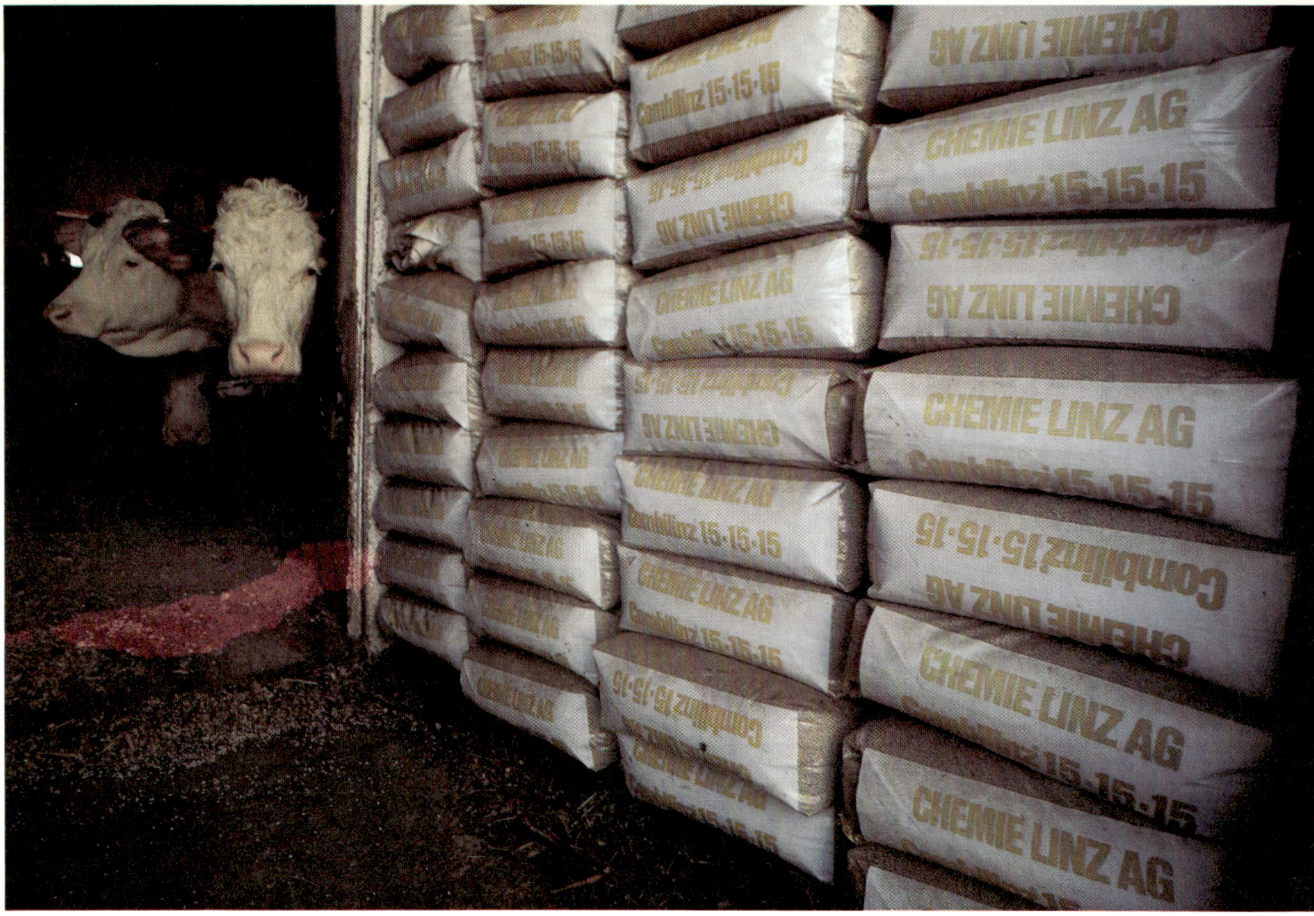

Chemie Linz AG

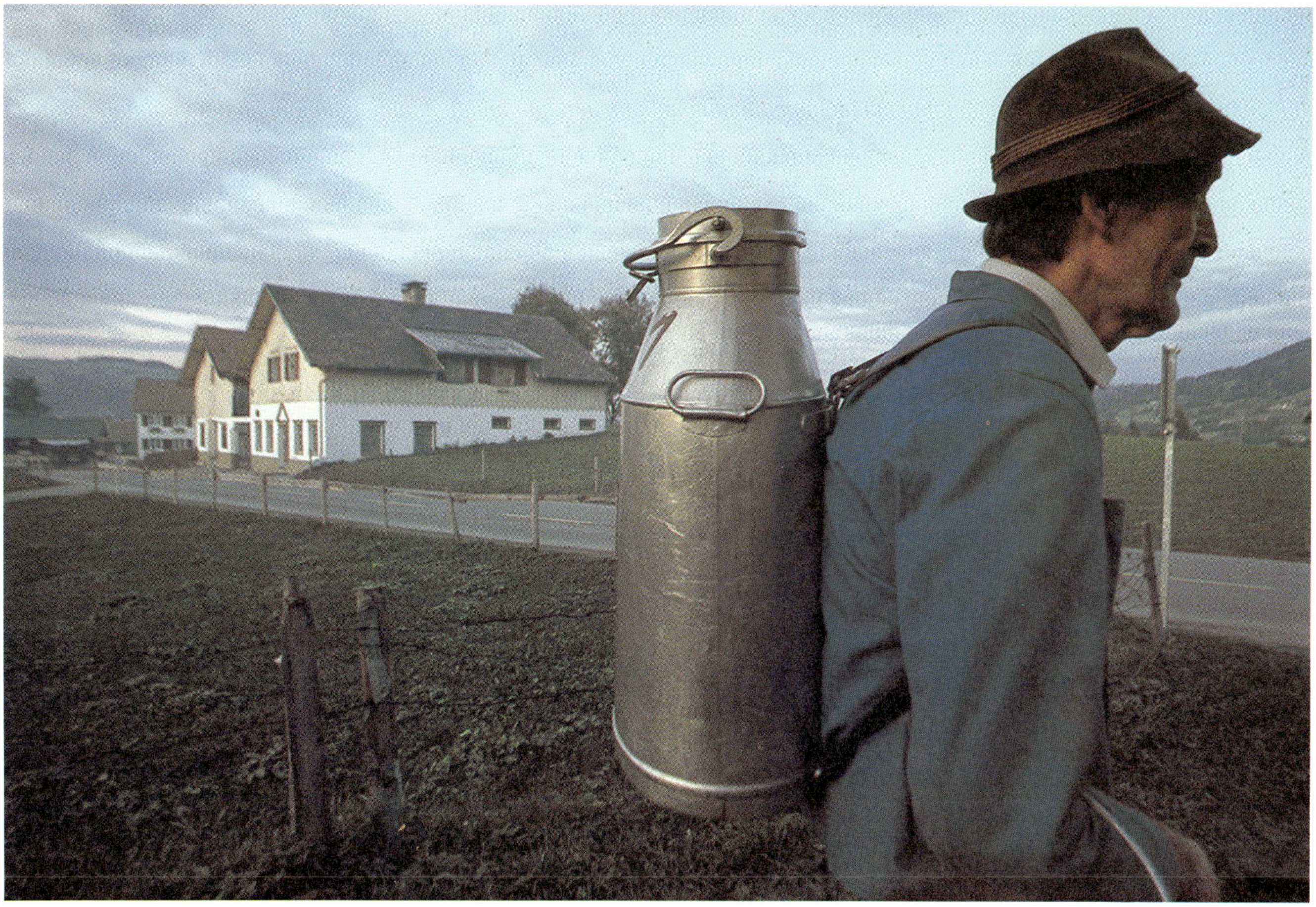

Kuhmilch

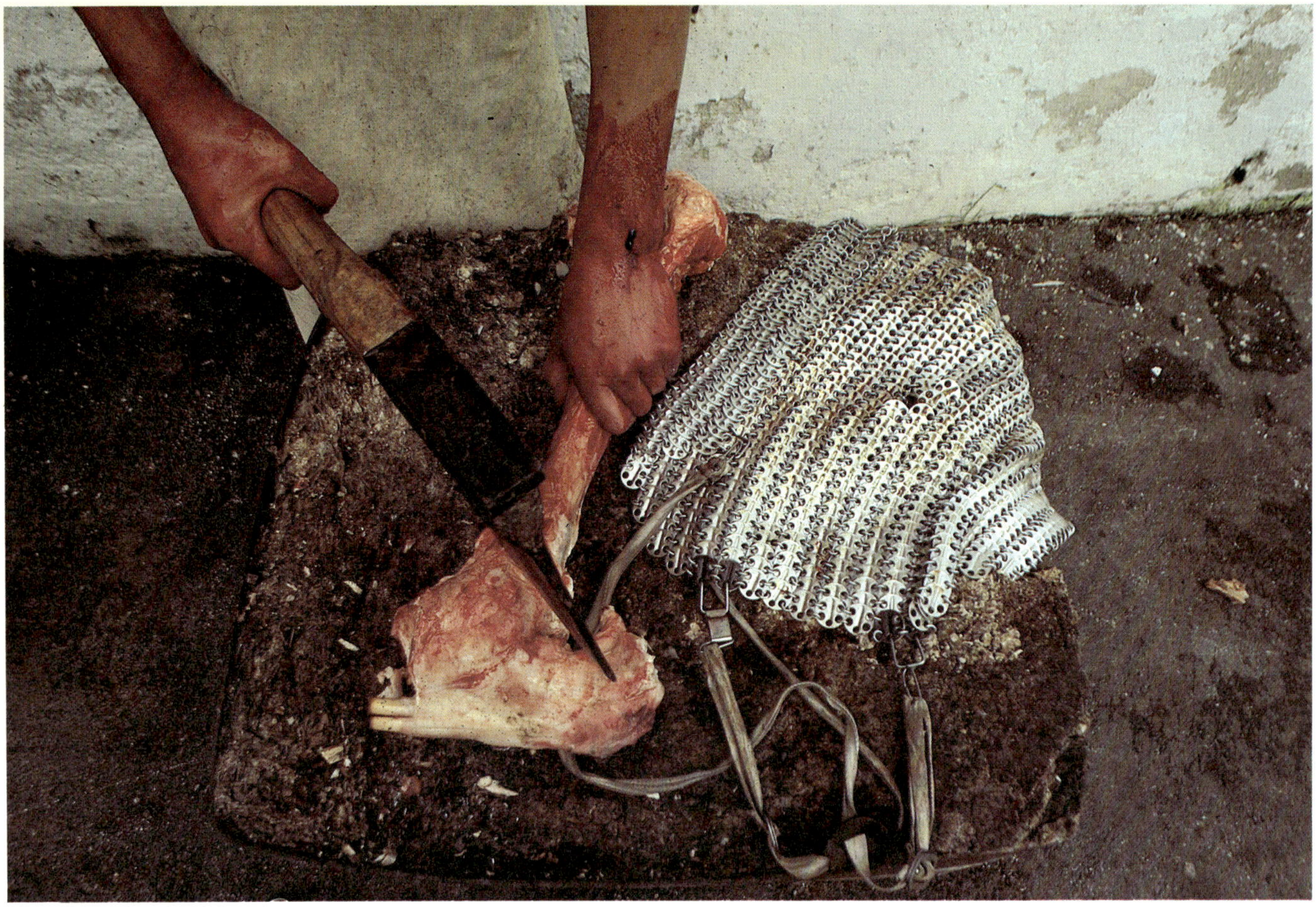

Sauschlachten

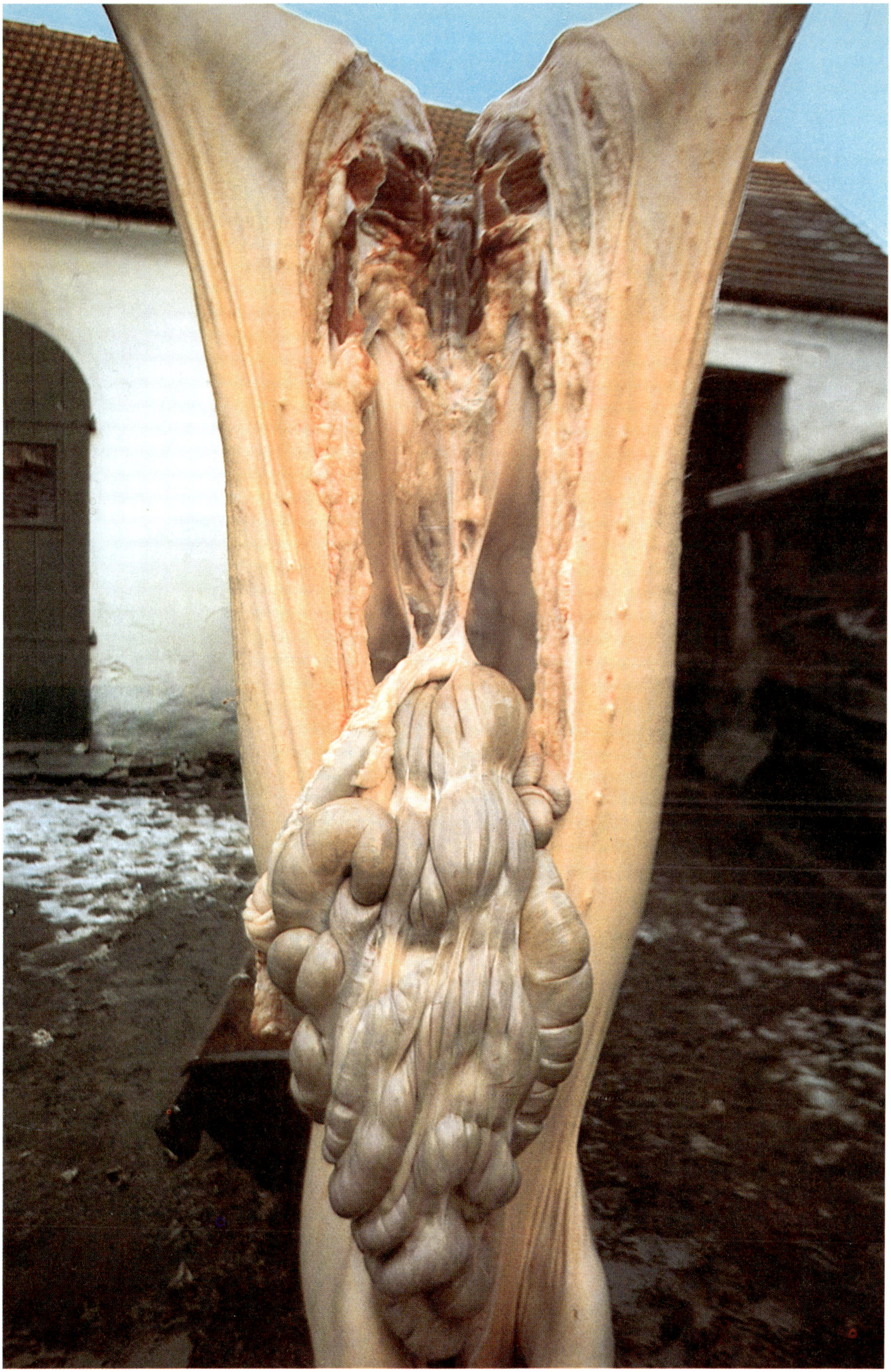

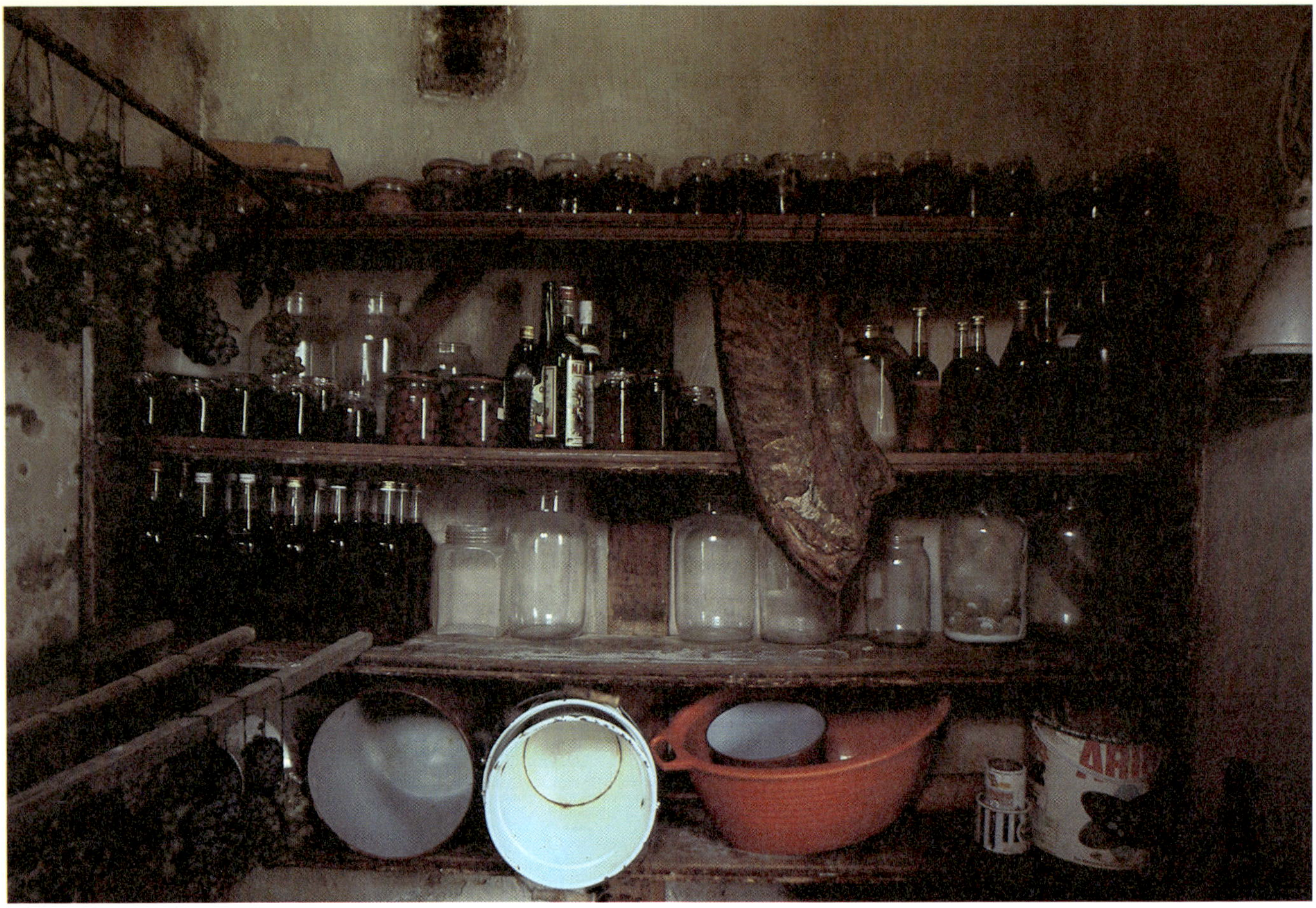

Speisekammer

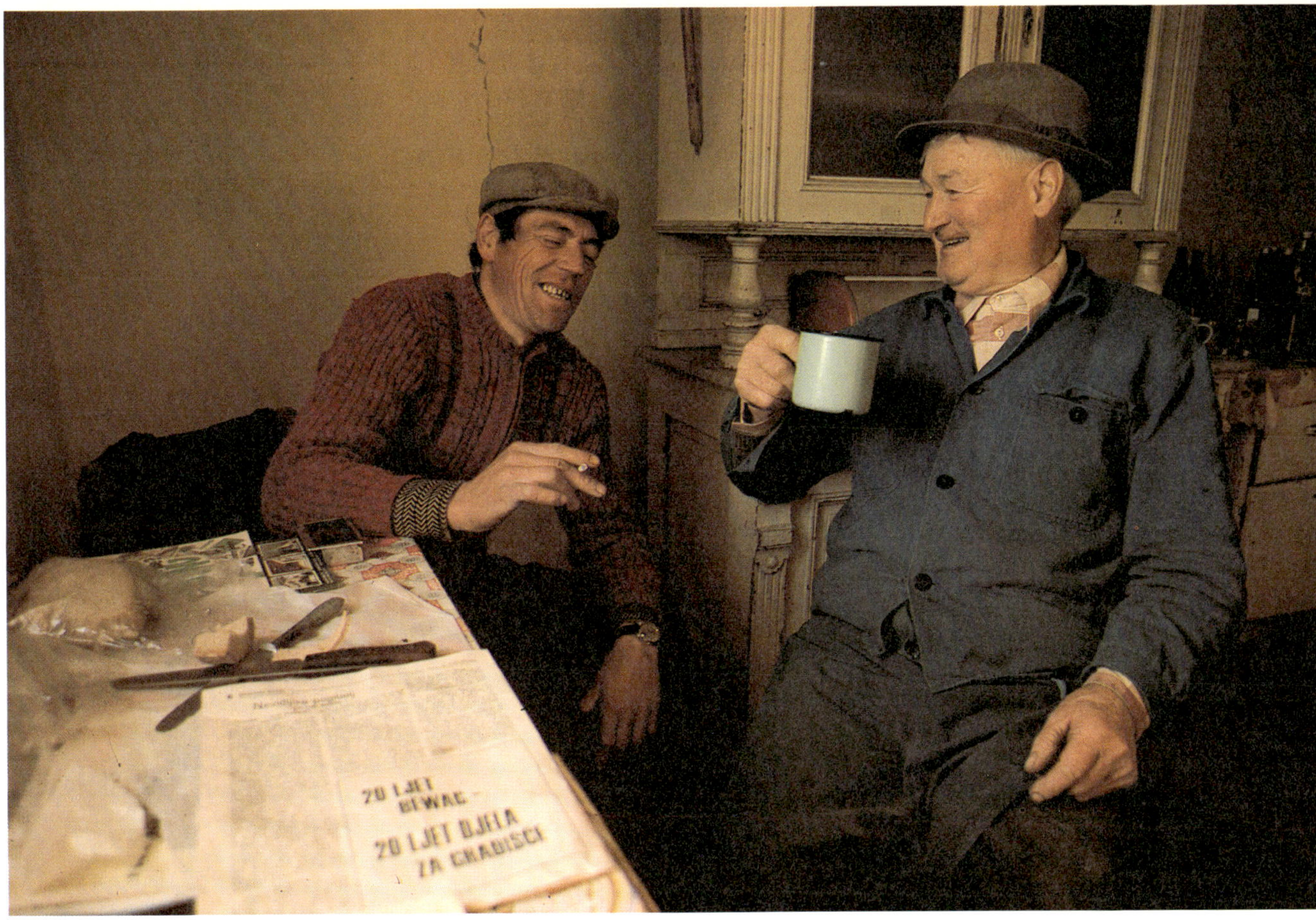

Zwischenmahlzeit

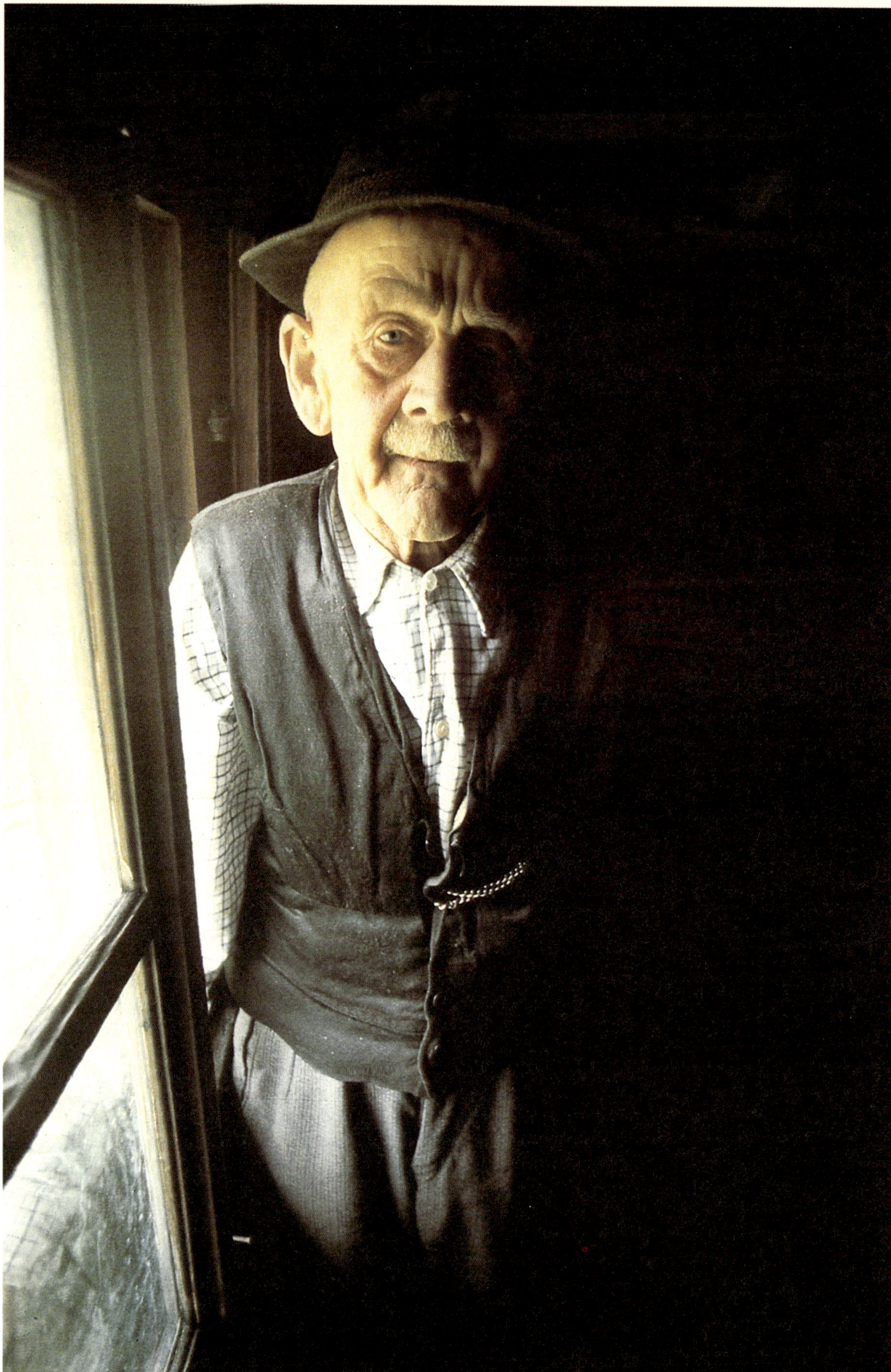

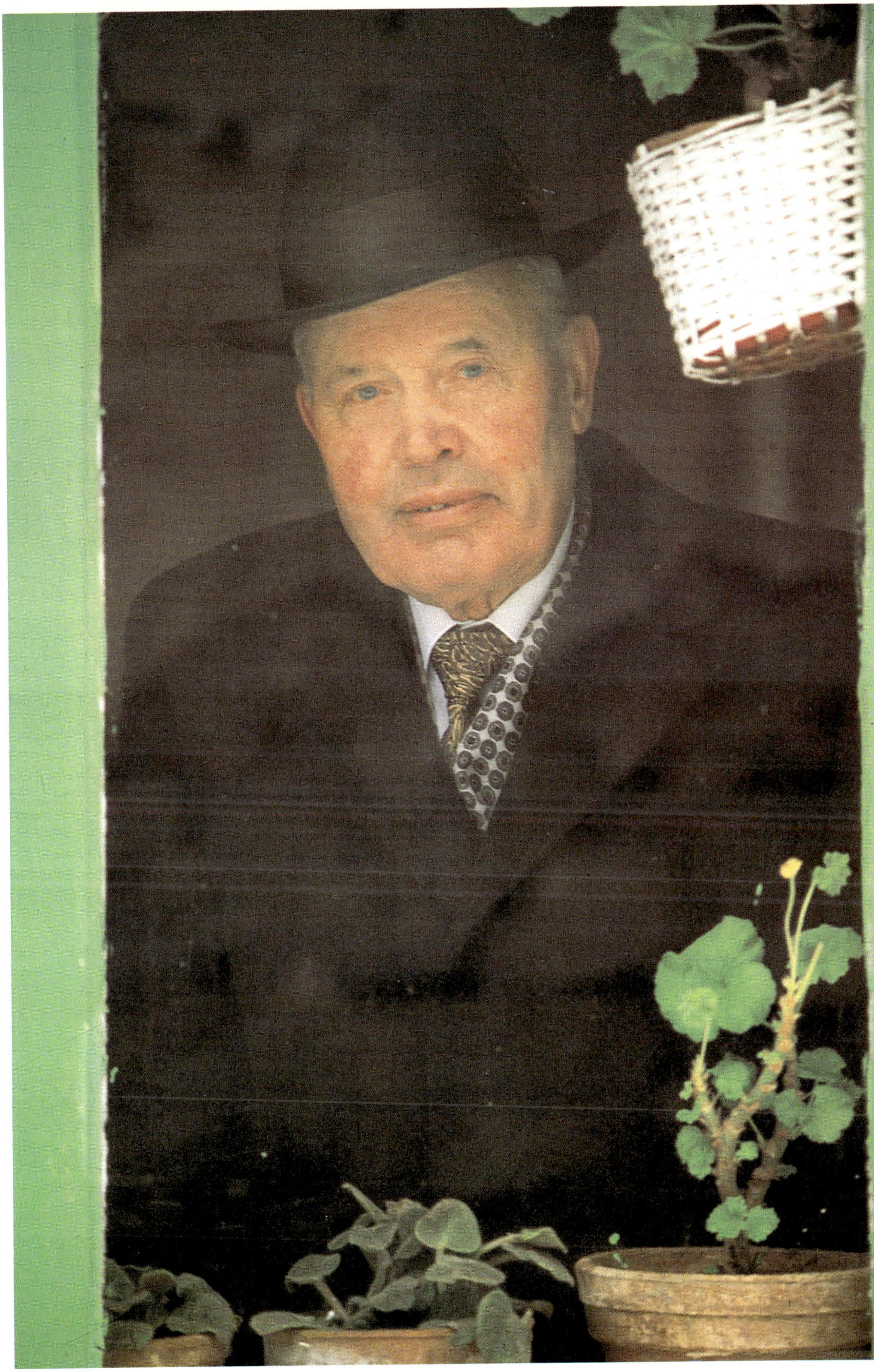

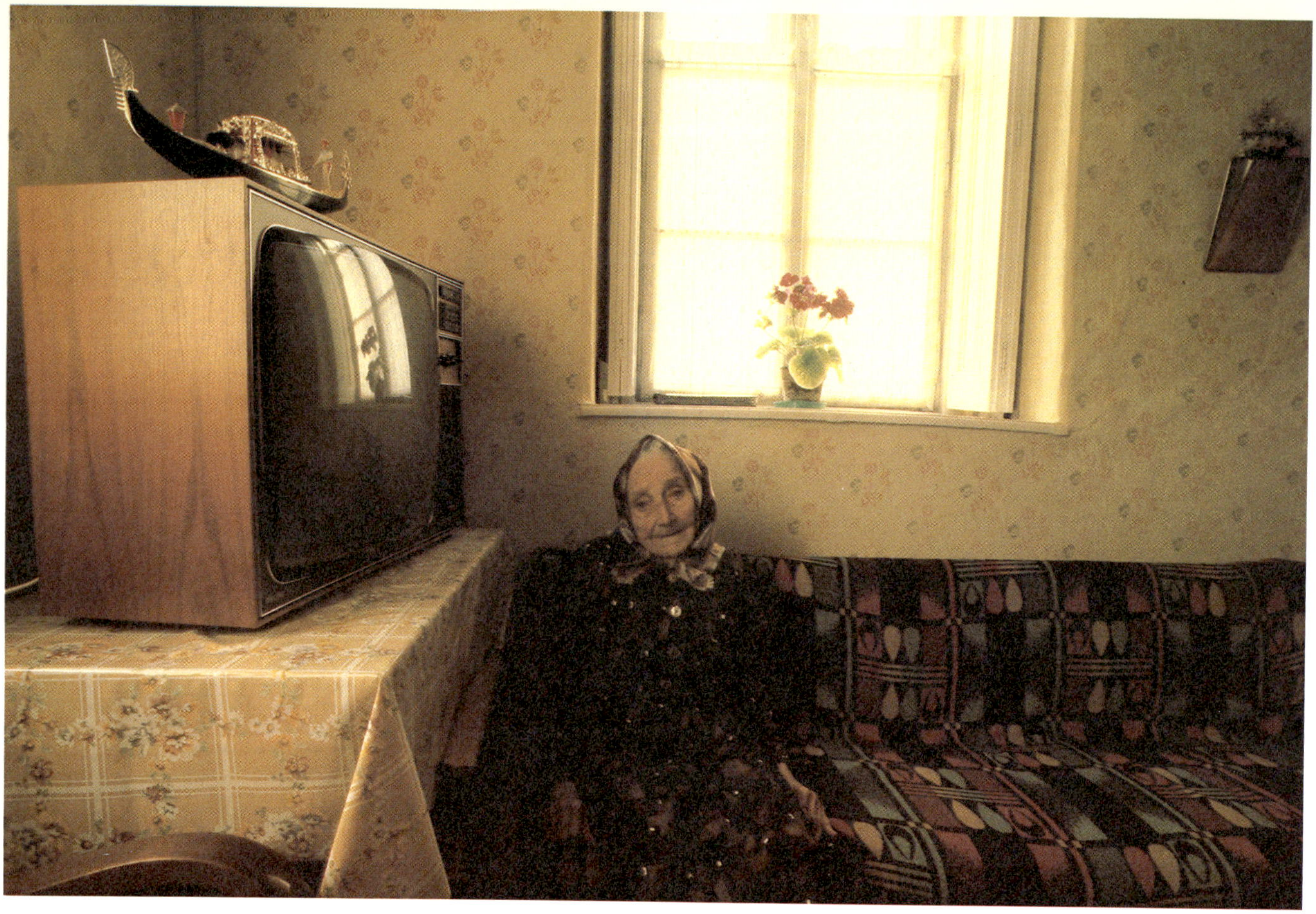

Venedig

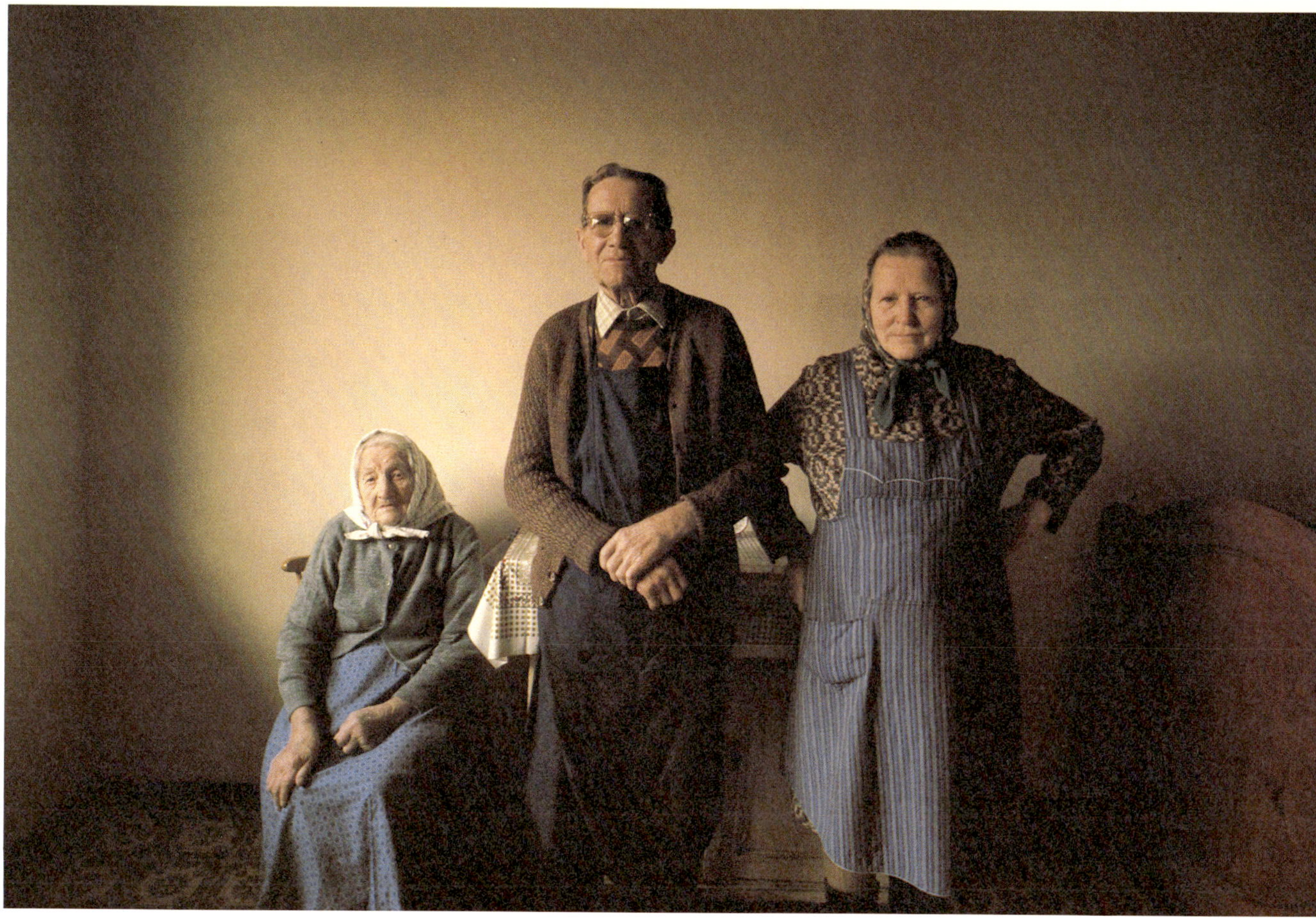

Die Mutter

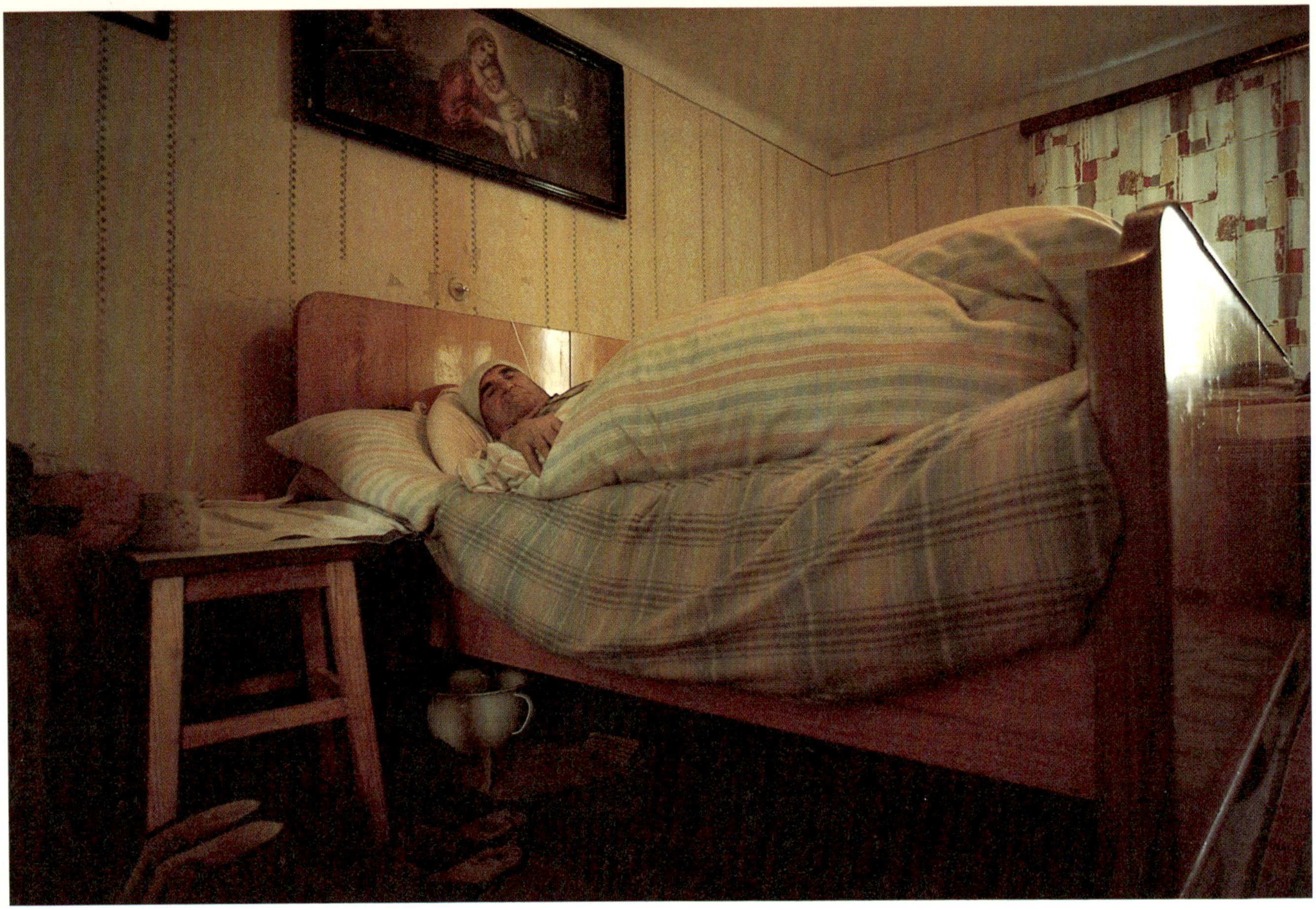

Krankenzimmer

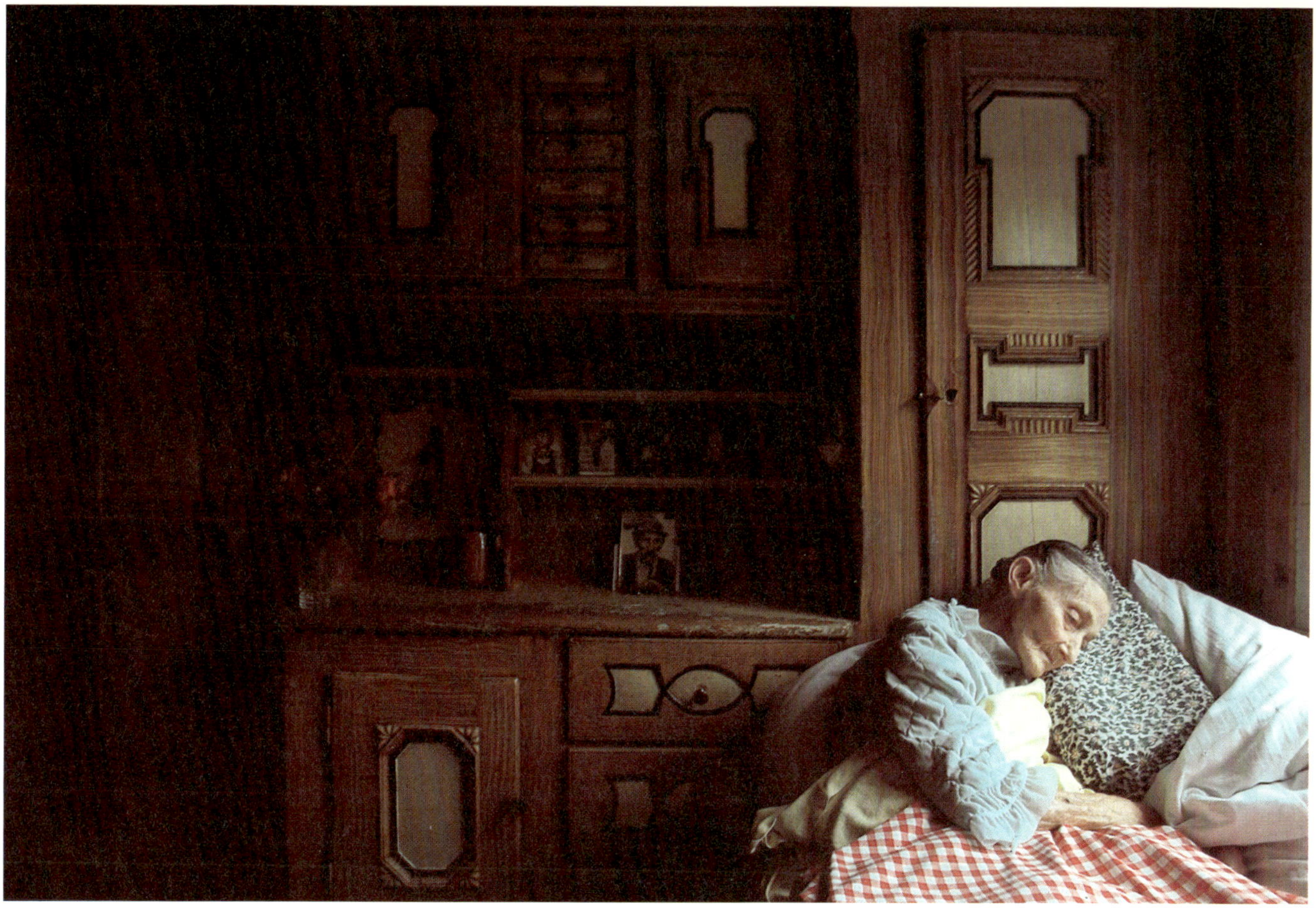

Sterbebett

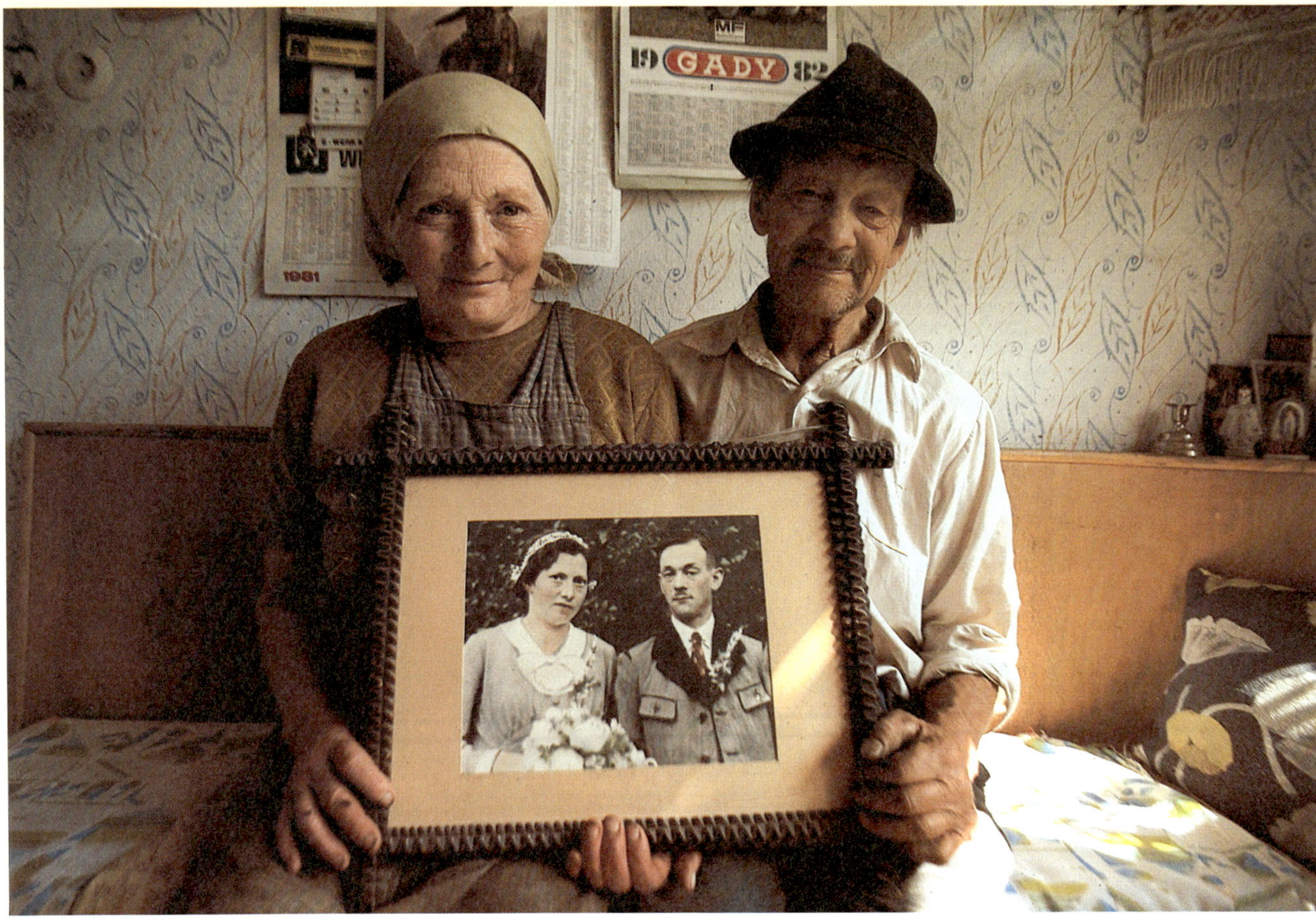

Das Hochzeitsbild

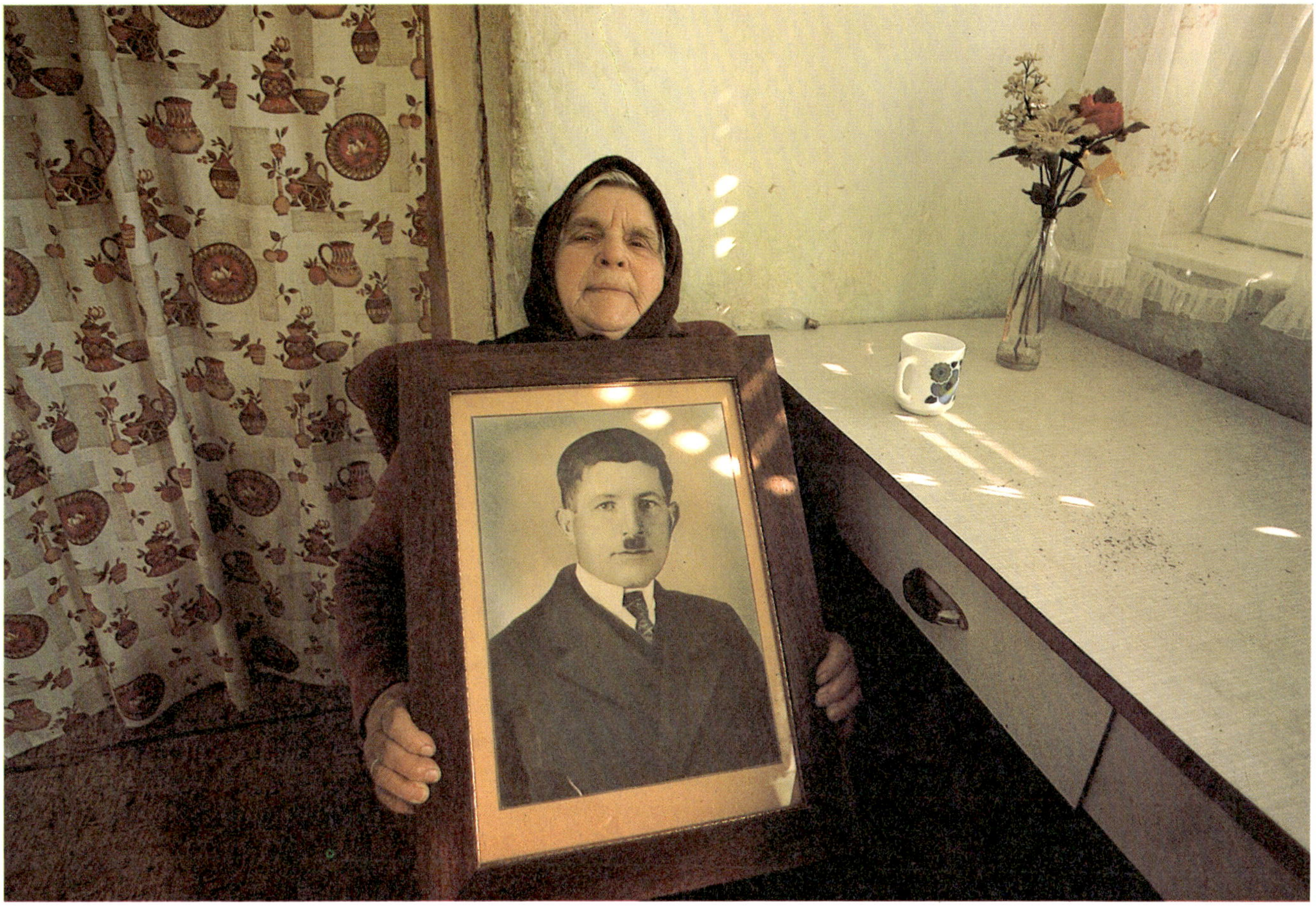

Ehepaar

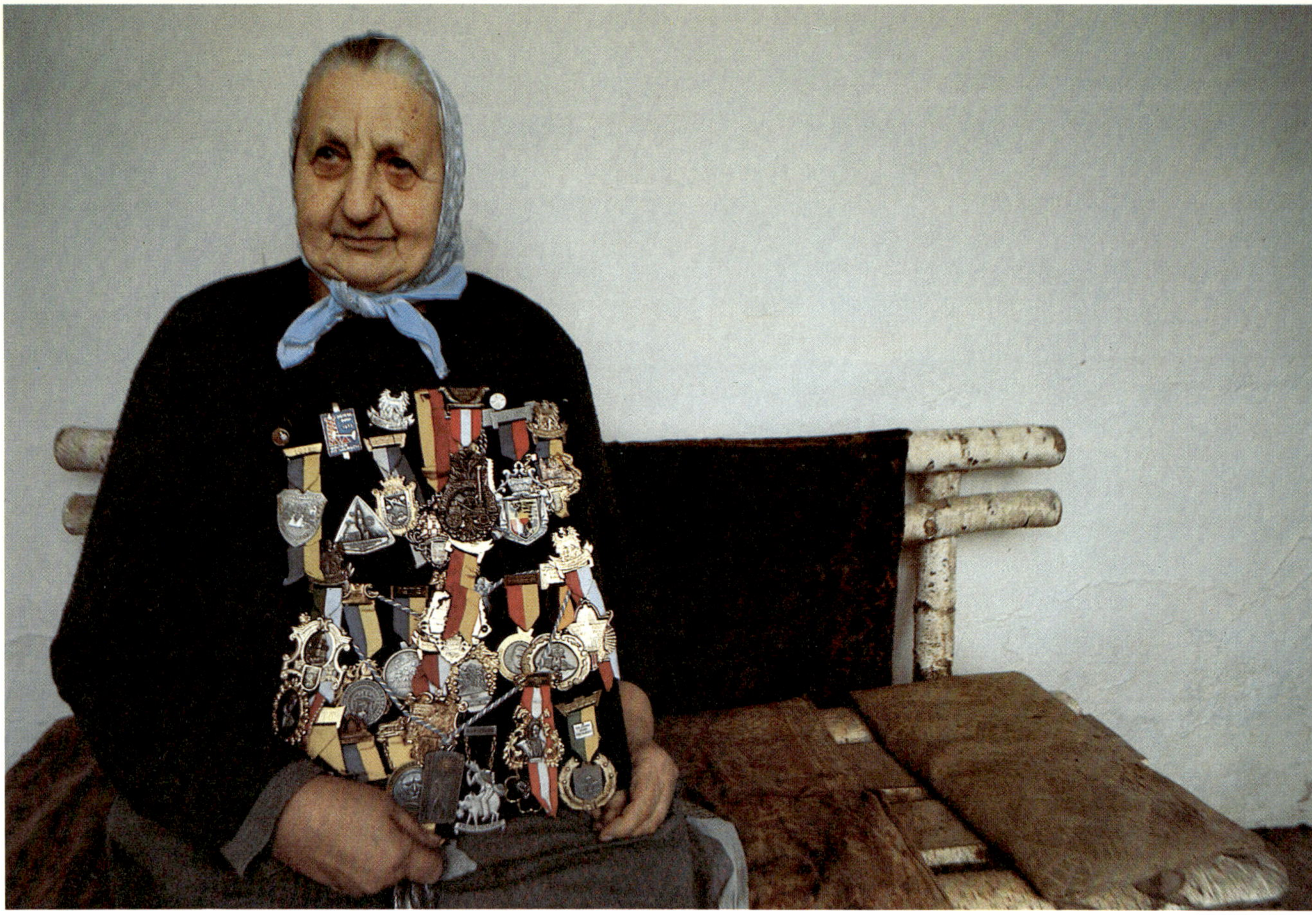

Lametta

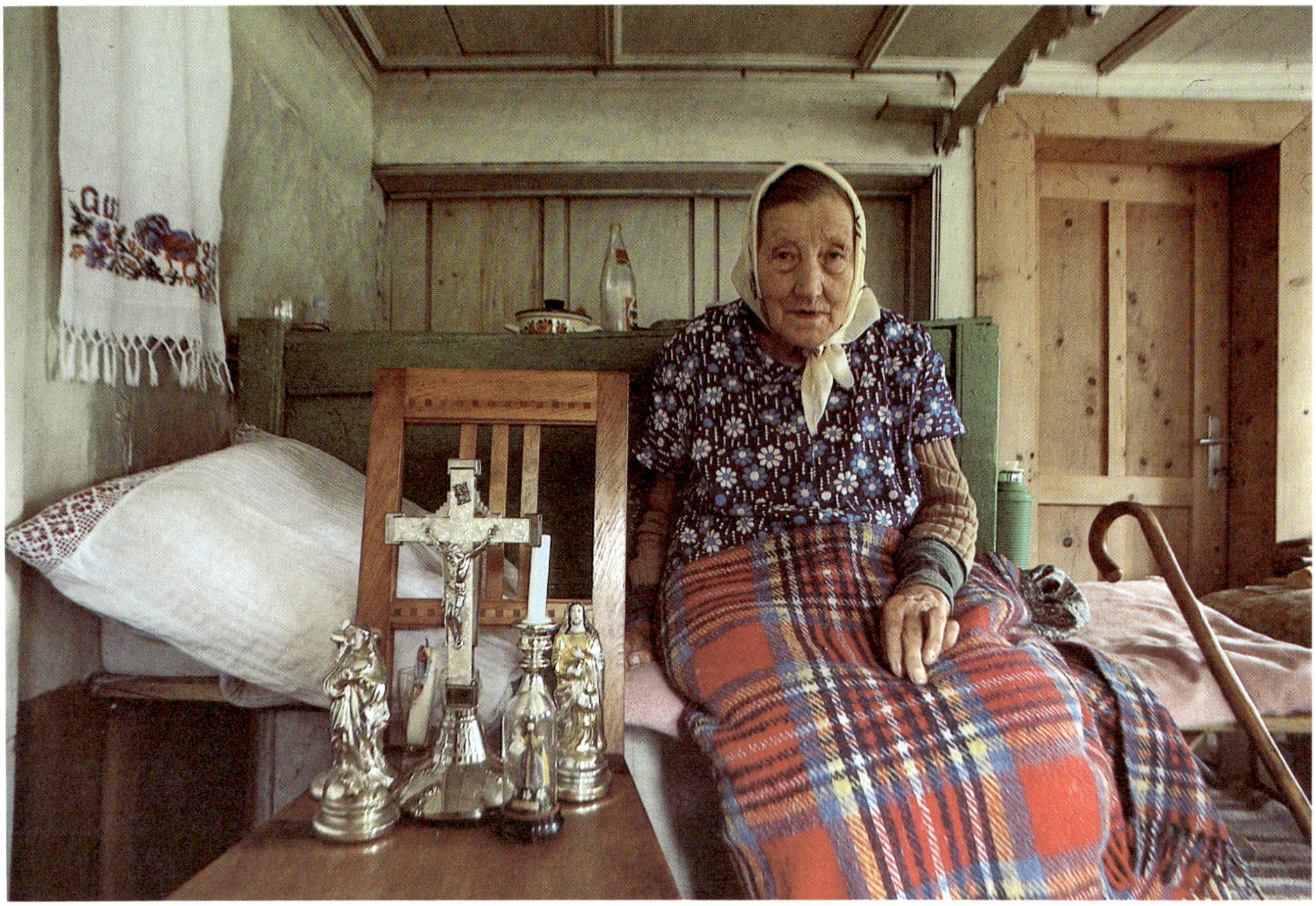

Hausaltar

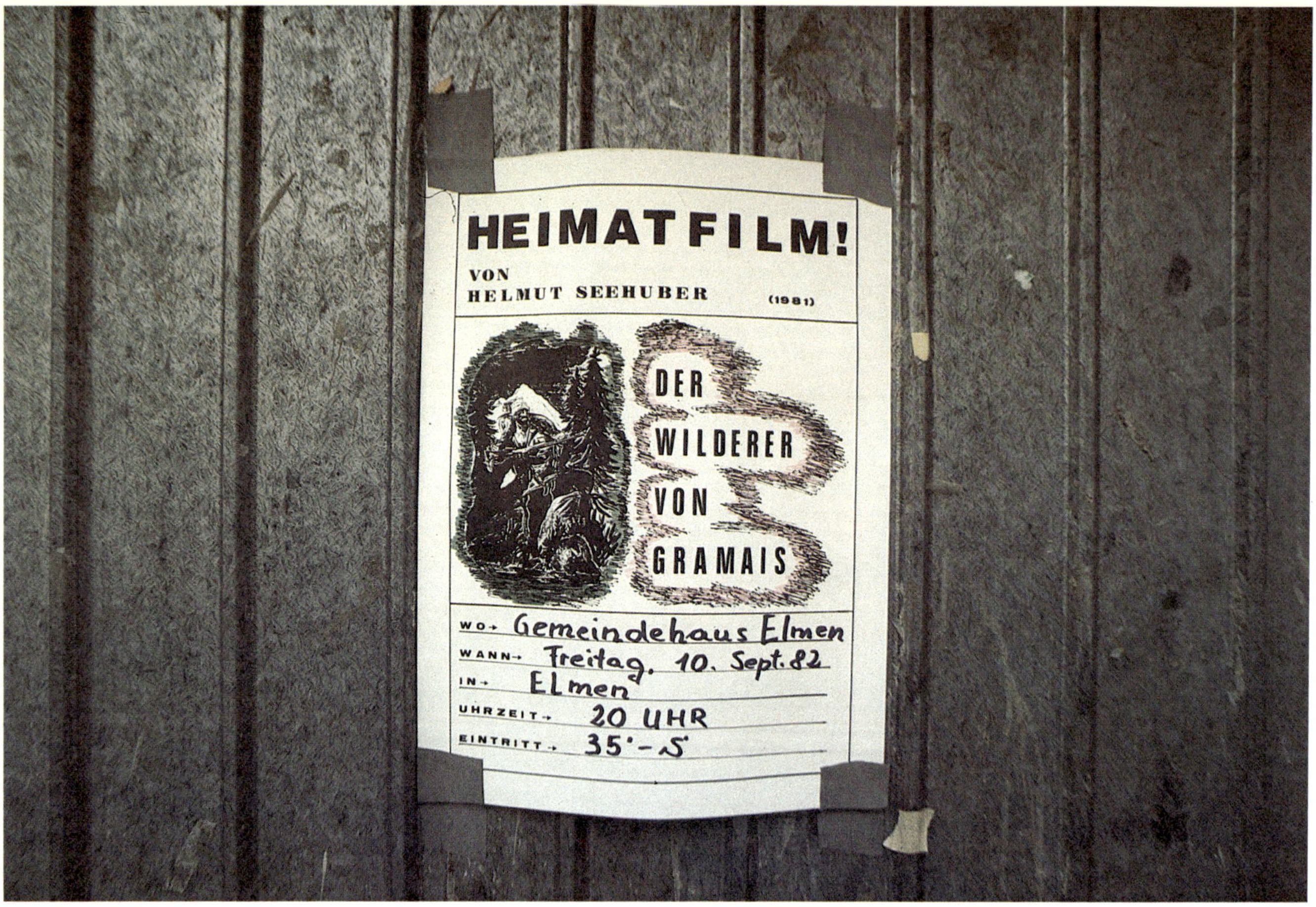

Freitag, 10. September

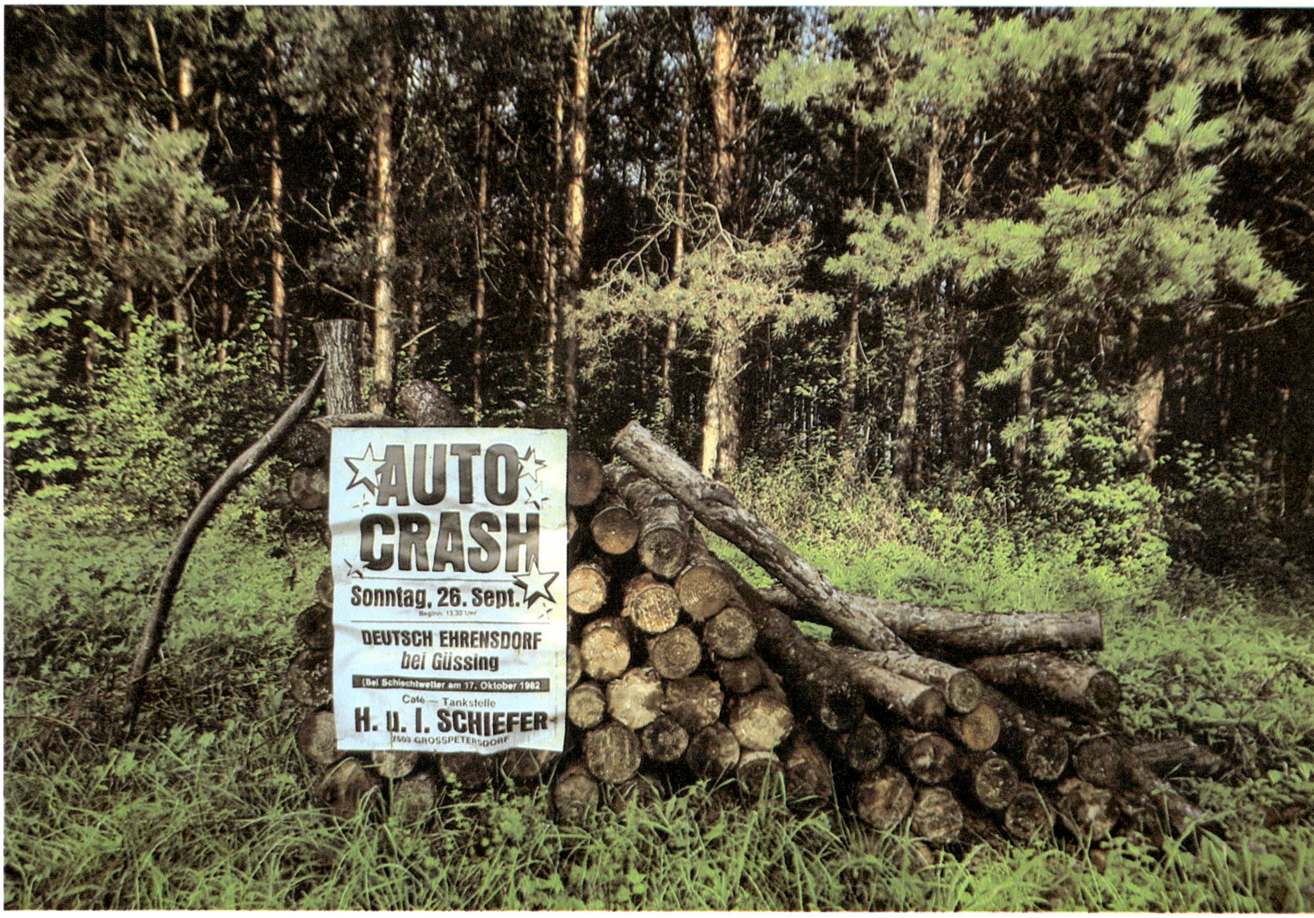

Sonntag, 26. September

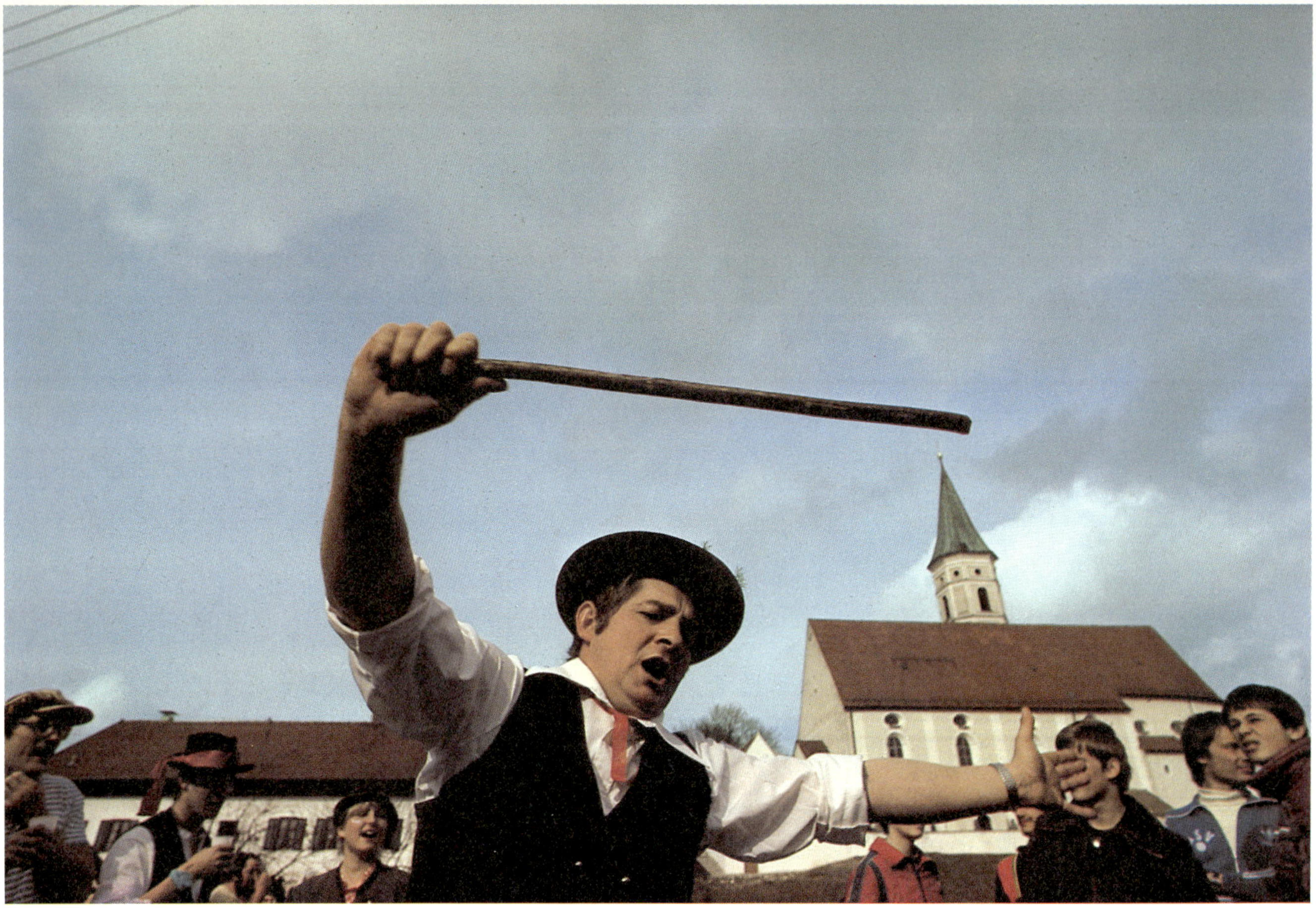

Der Taktstock

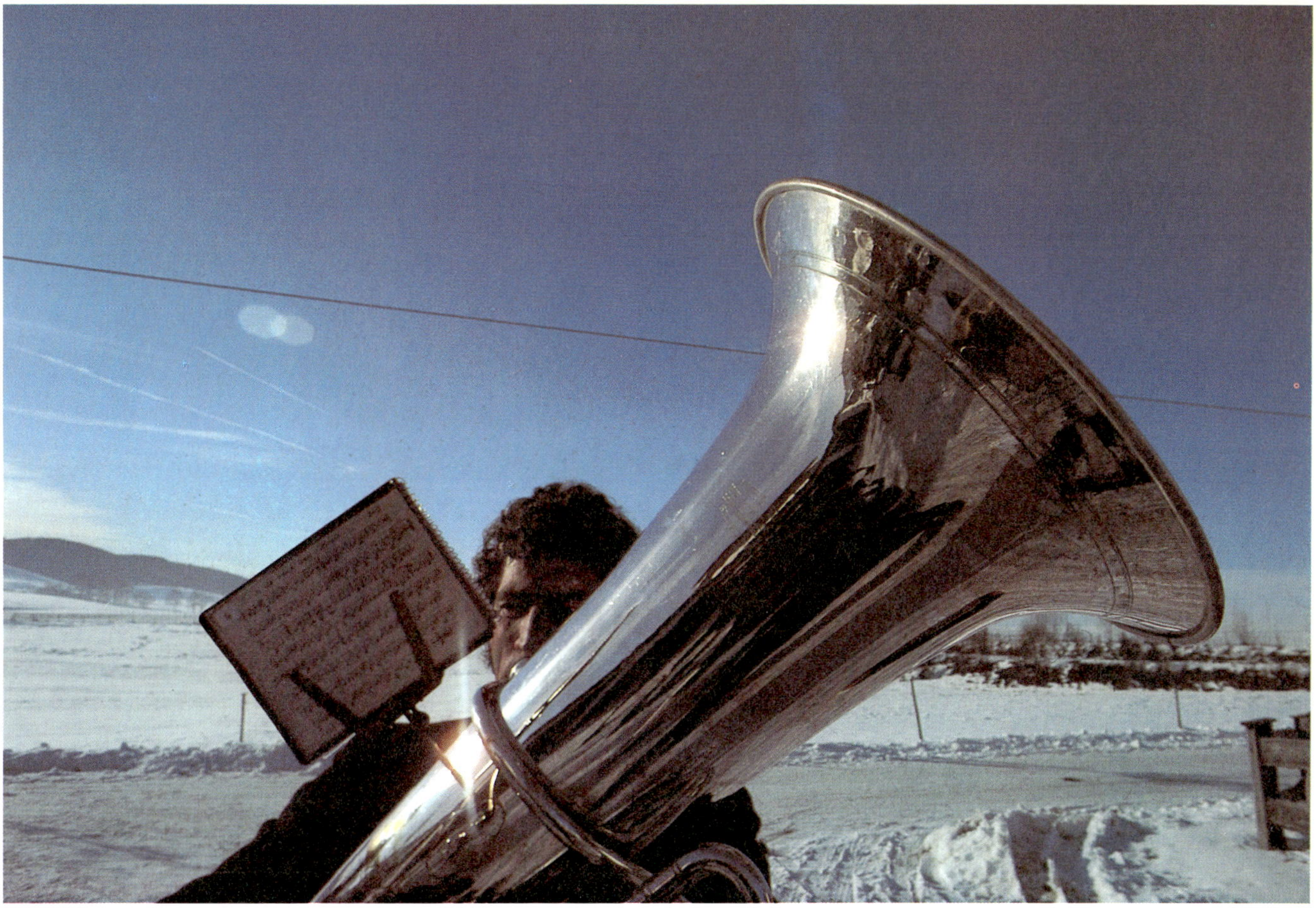

Neujahrsblasen

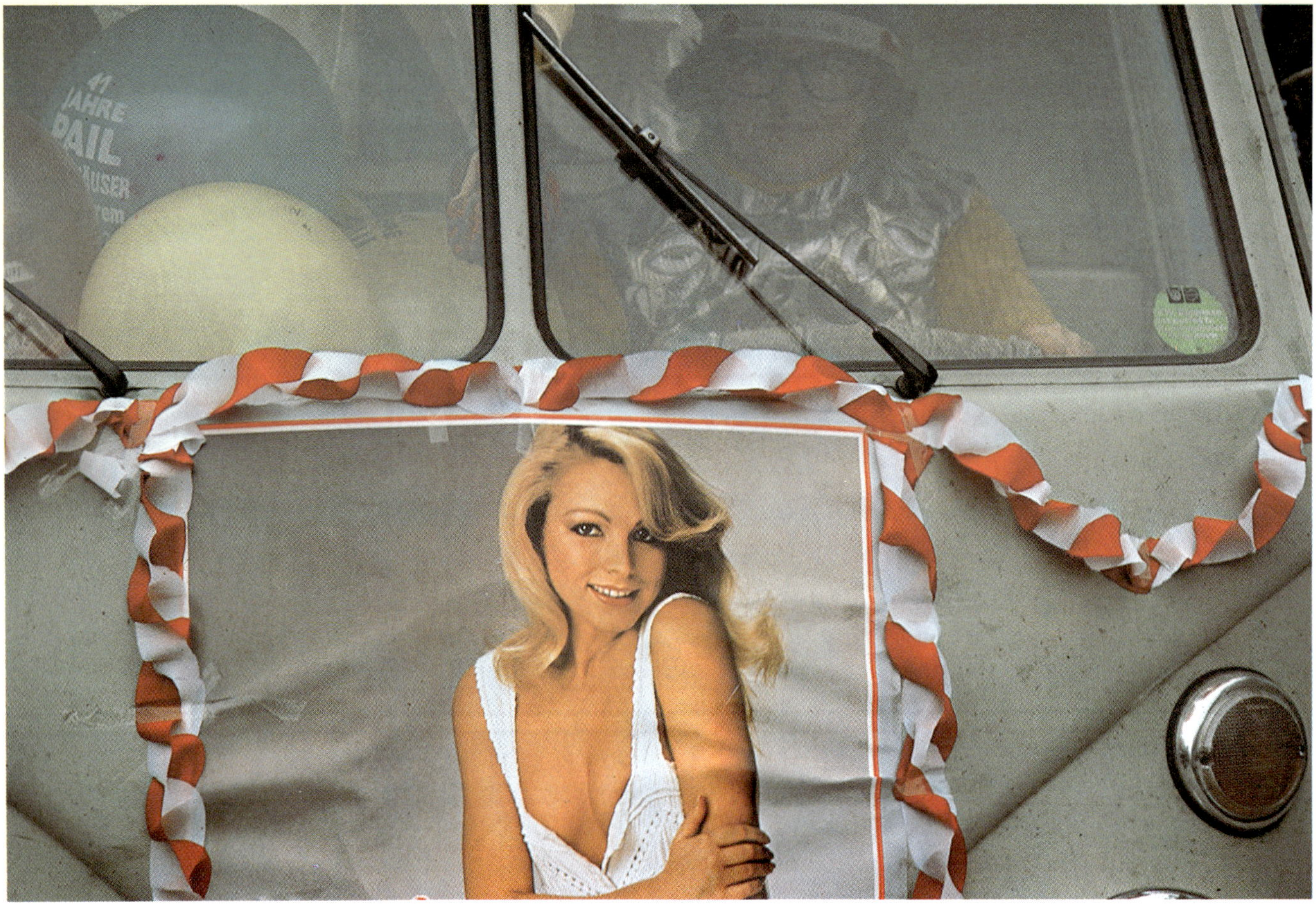

Die Schönheitskönigin

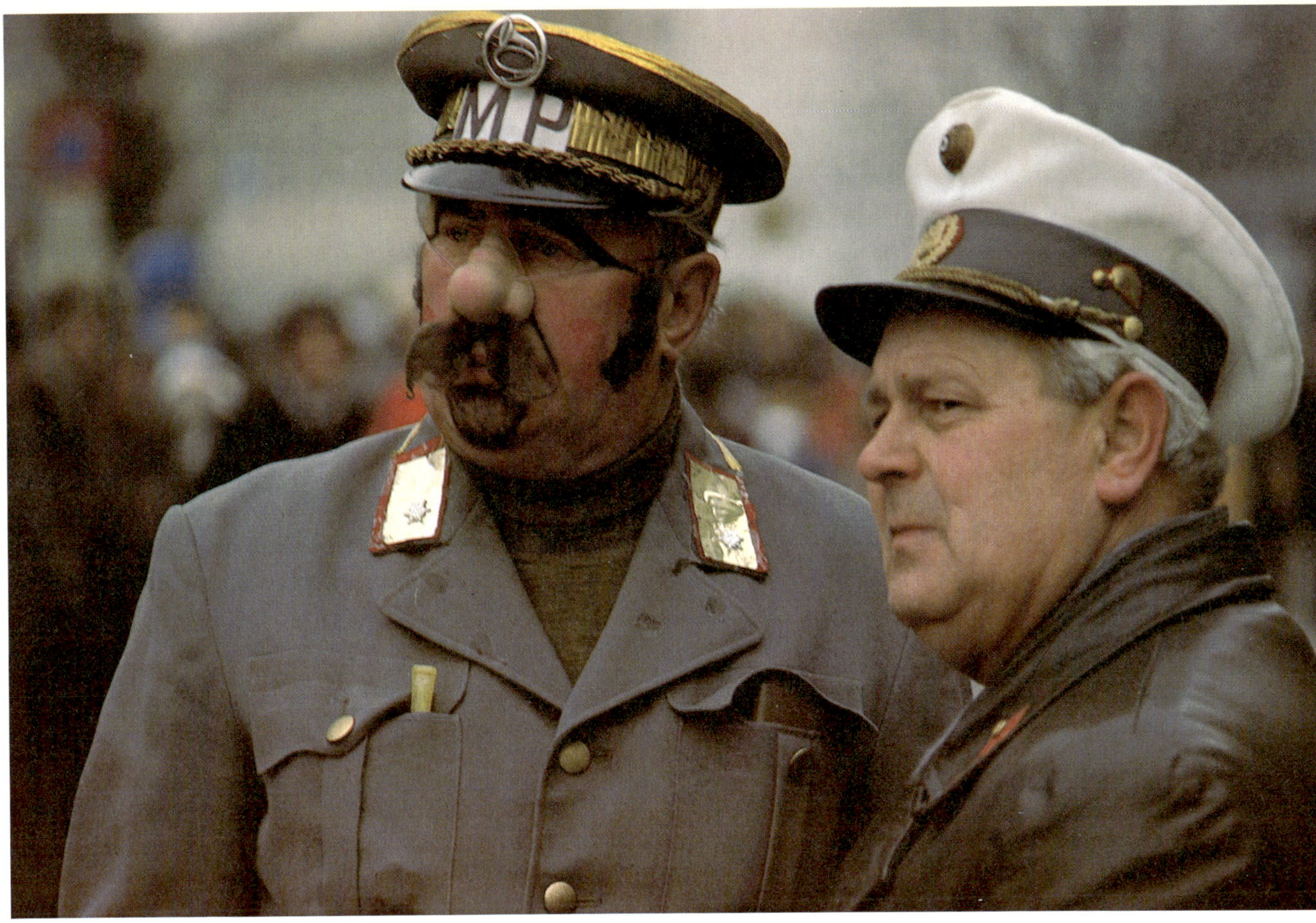

Unsere Gendarmerie

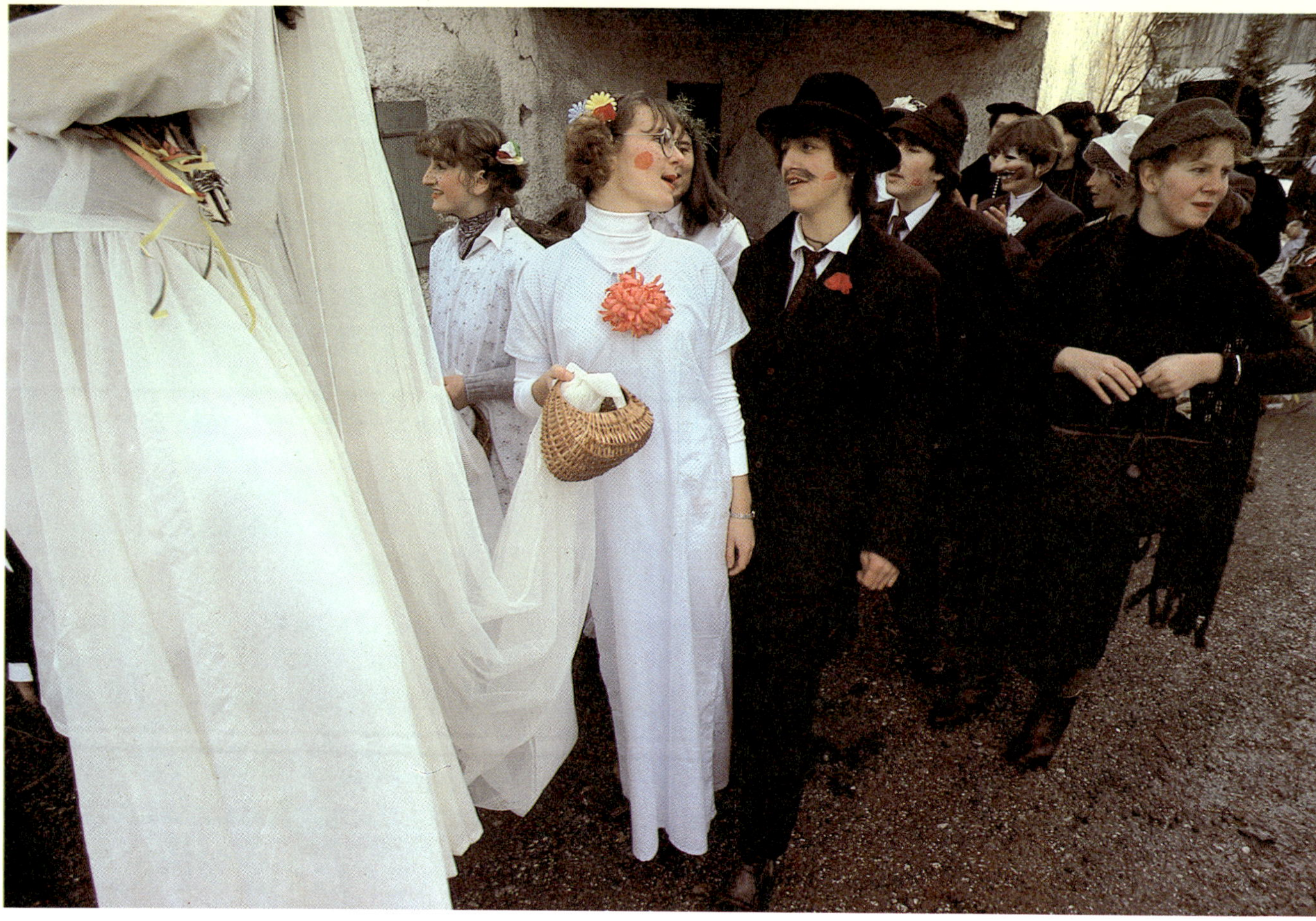

Mädchen

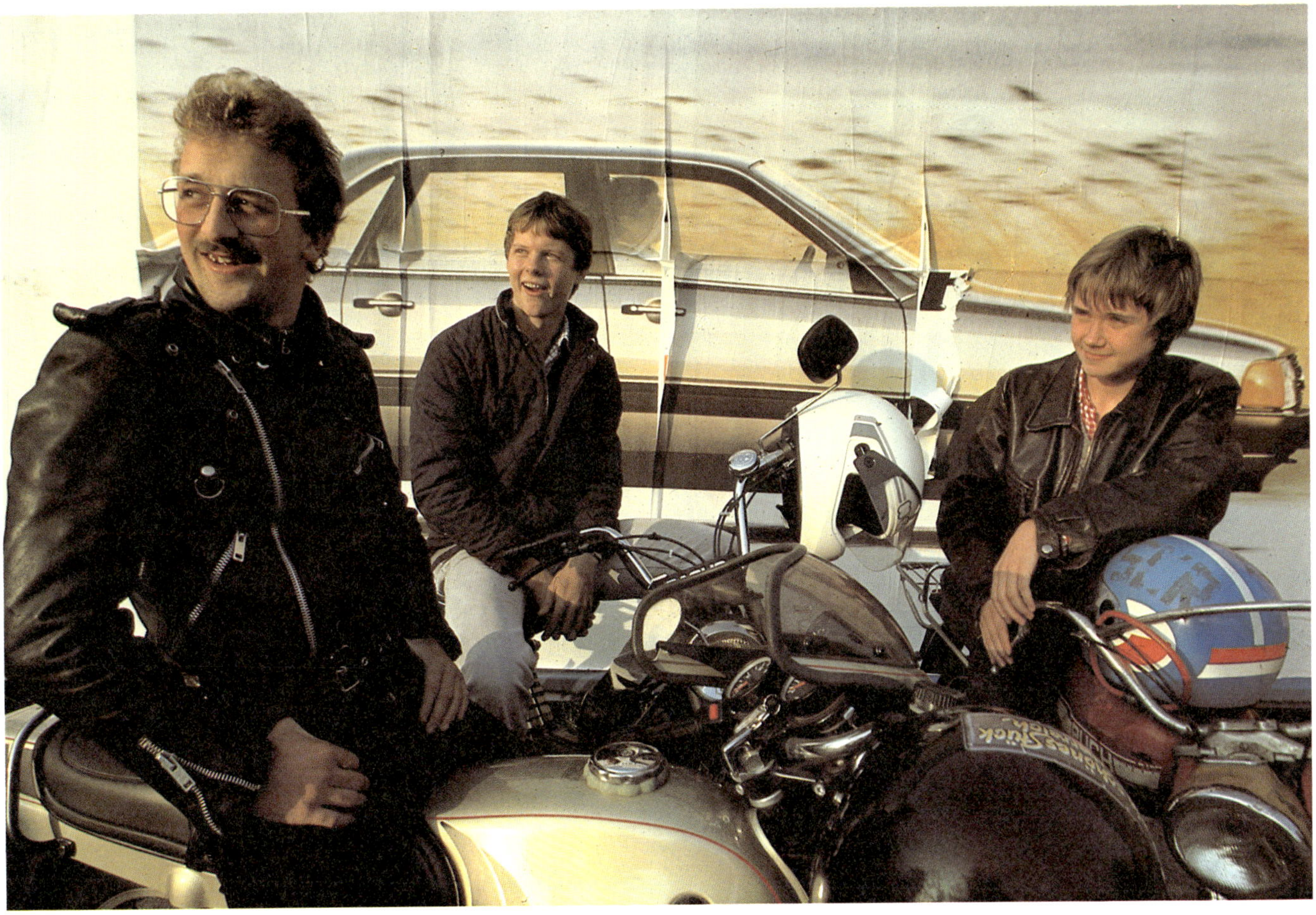

Maschinen

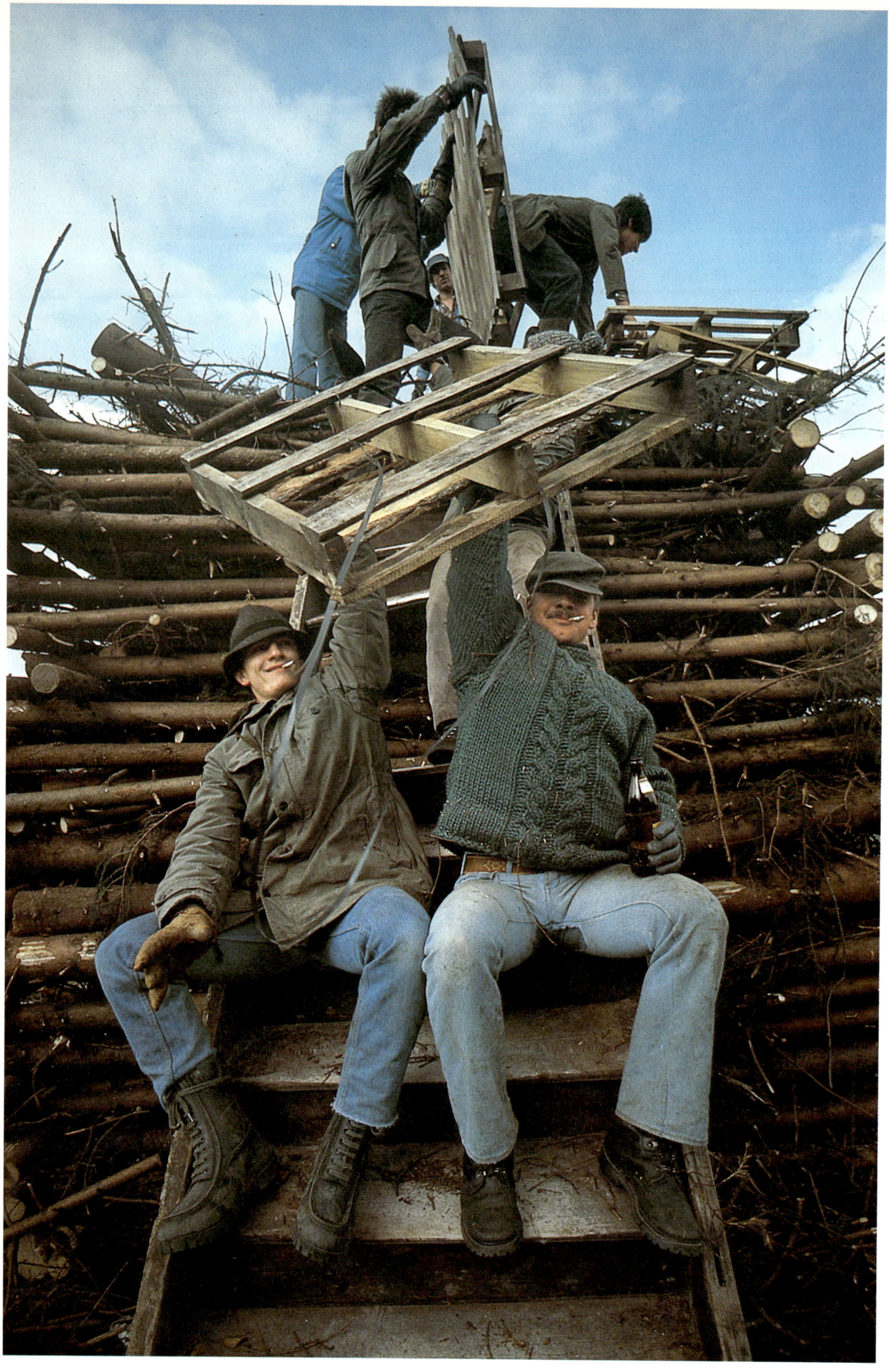

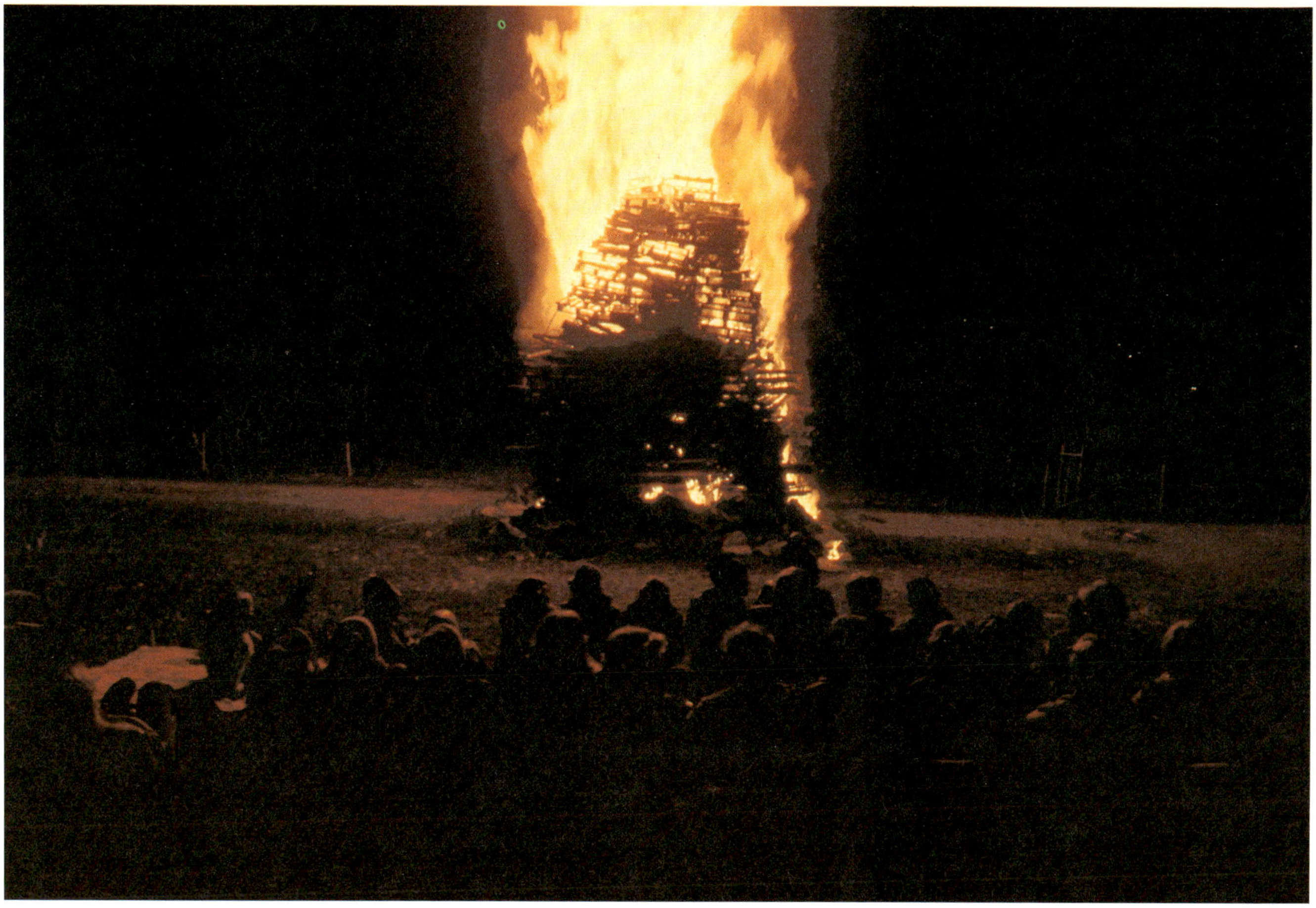

Die Burschen

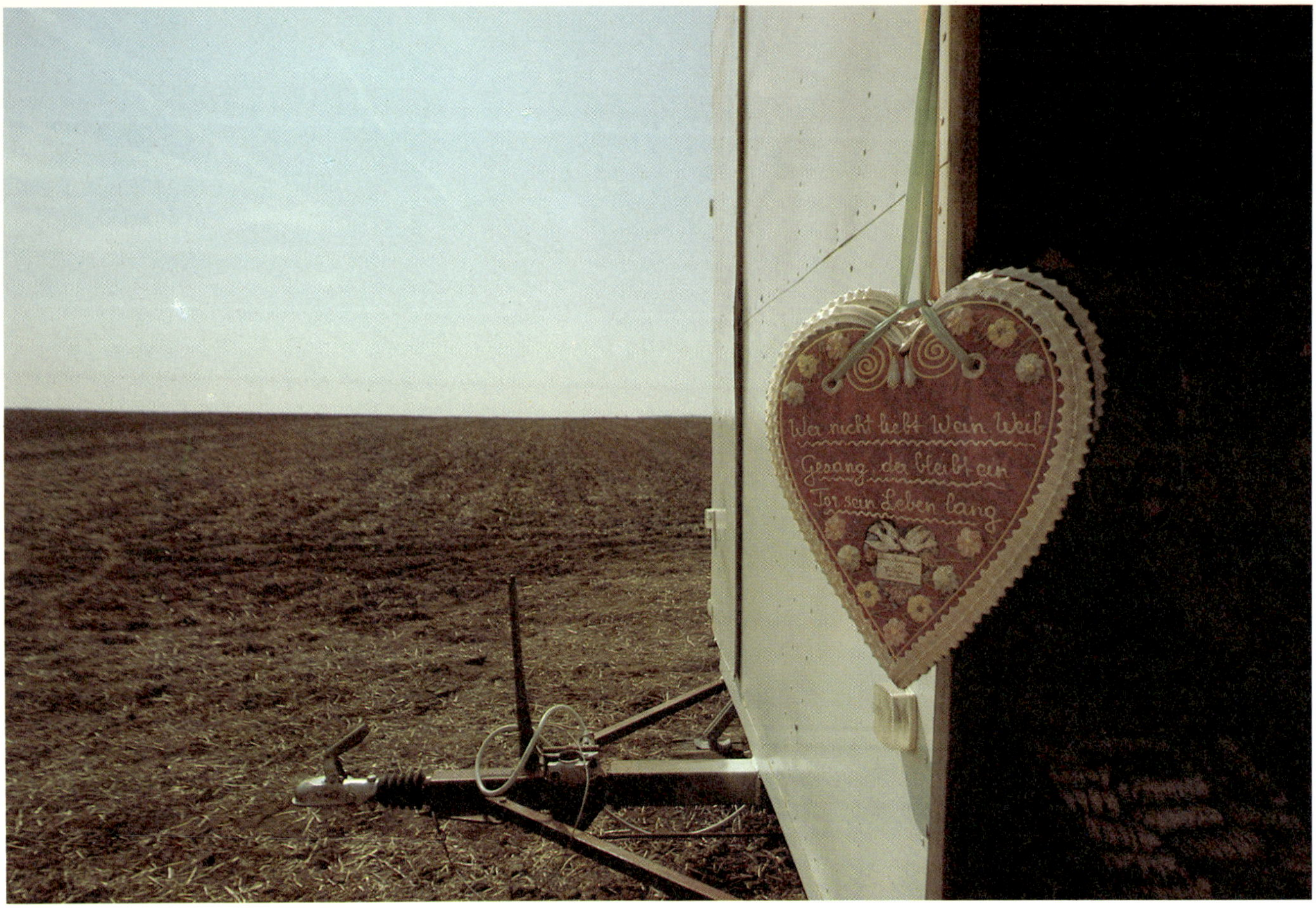

Wer nicht liebt

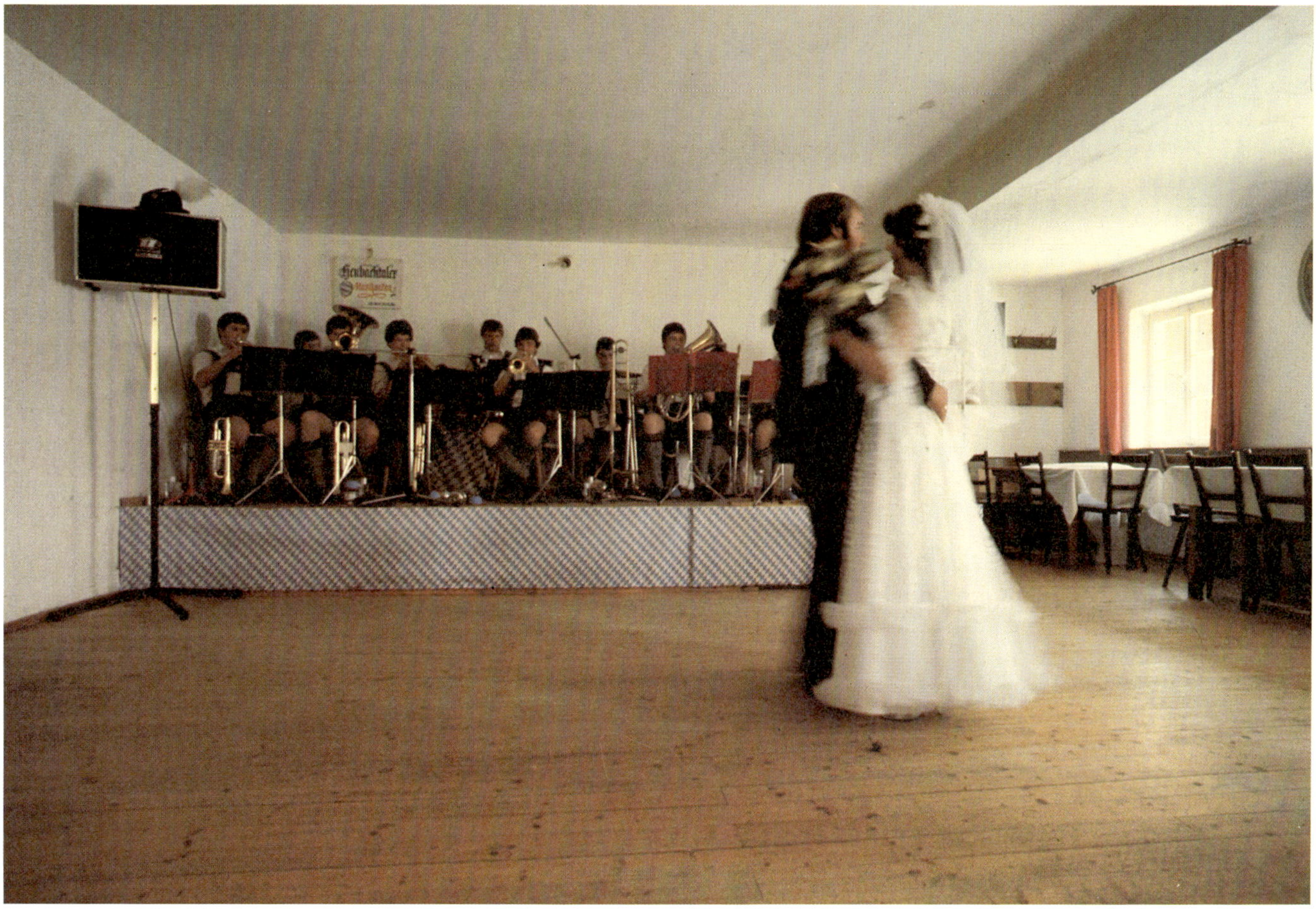

Brauttanz

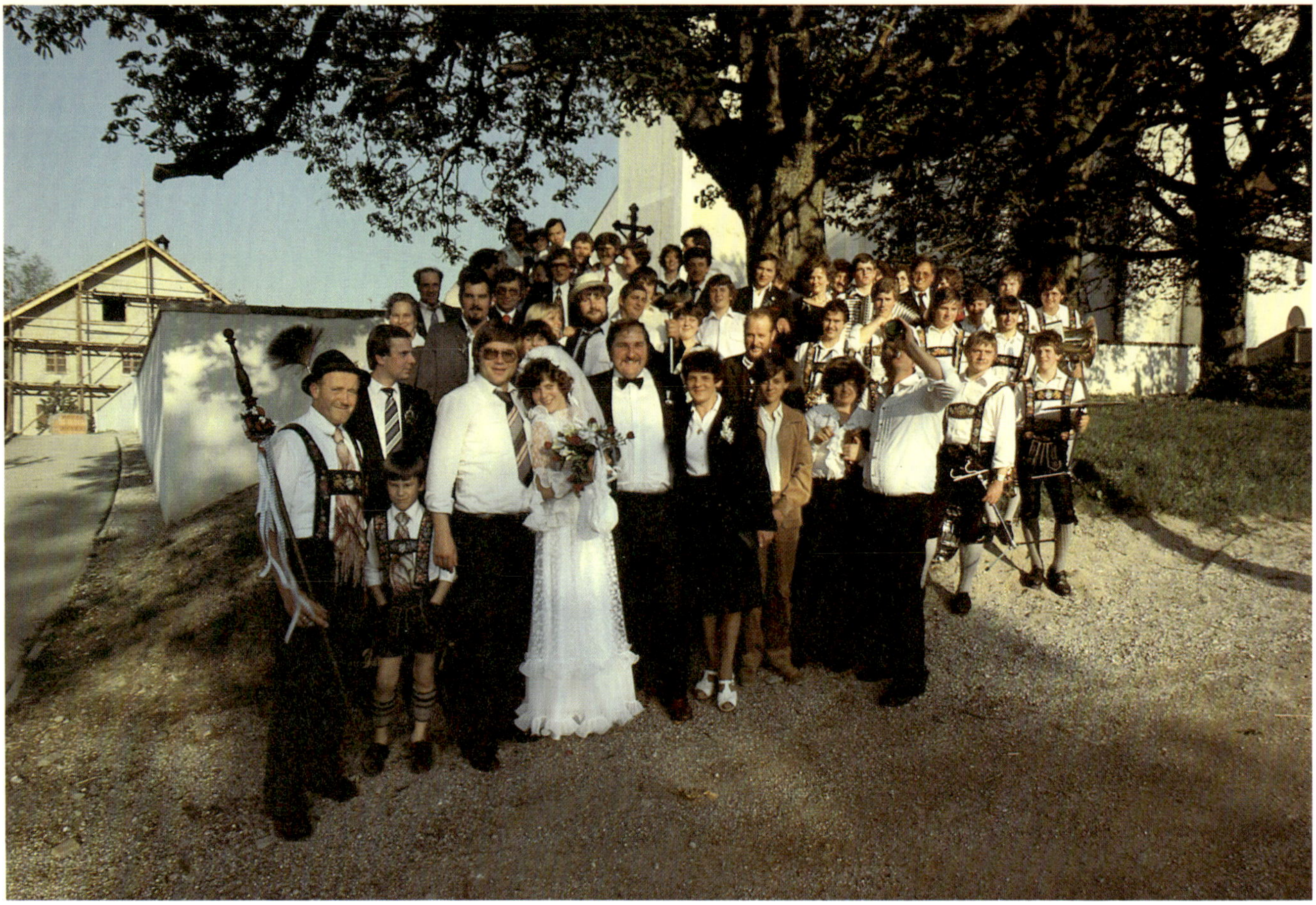

Die Hochzeitsgesellschaft

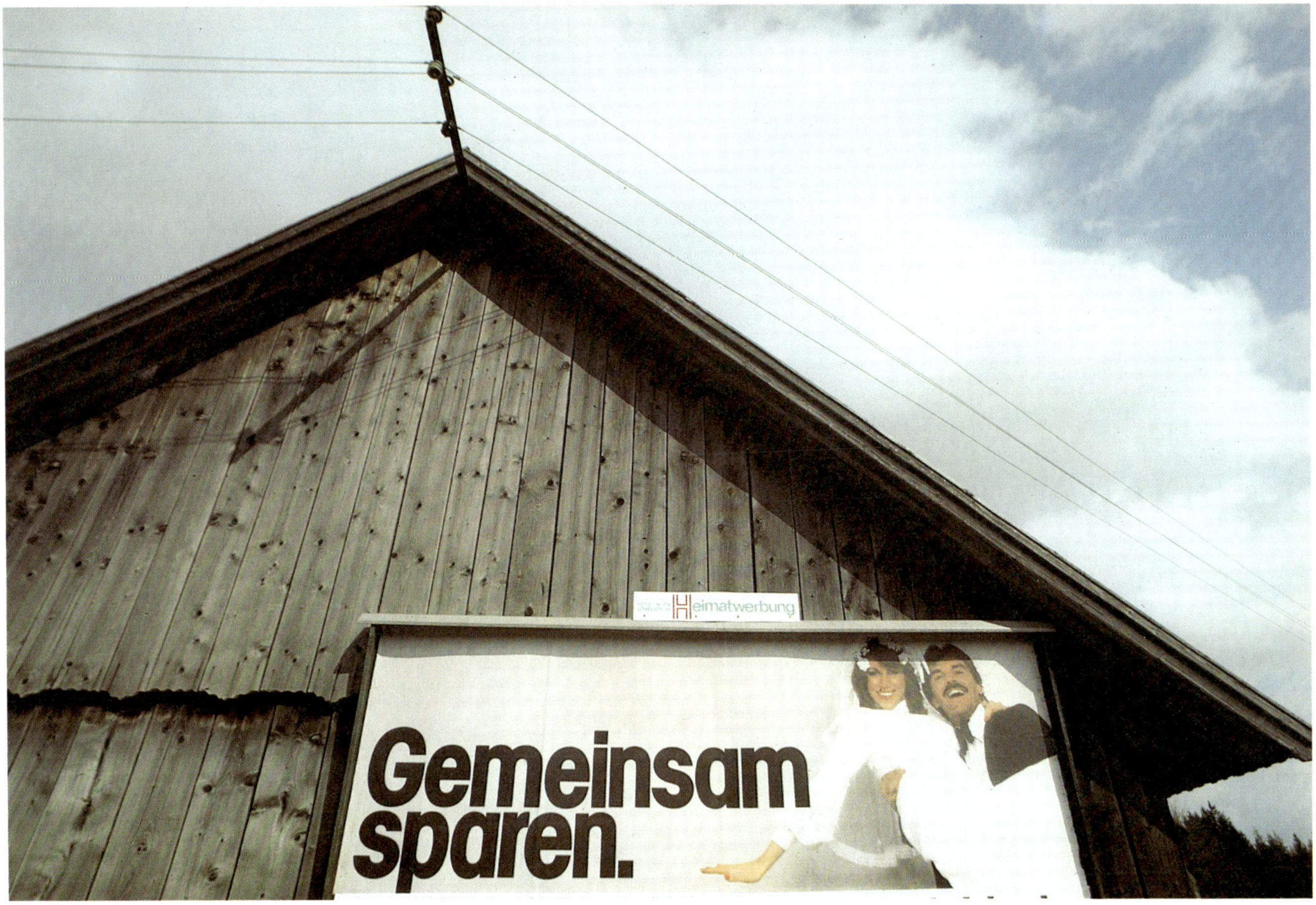

Heimatwerbung

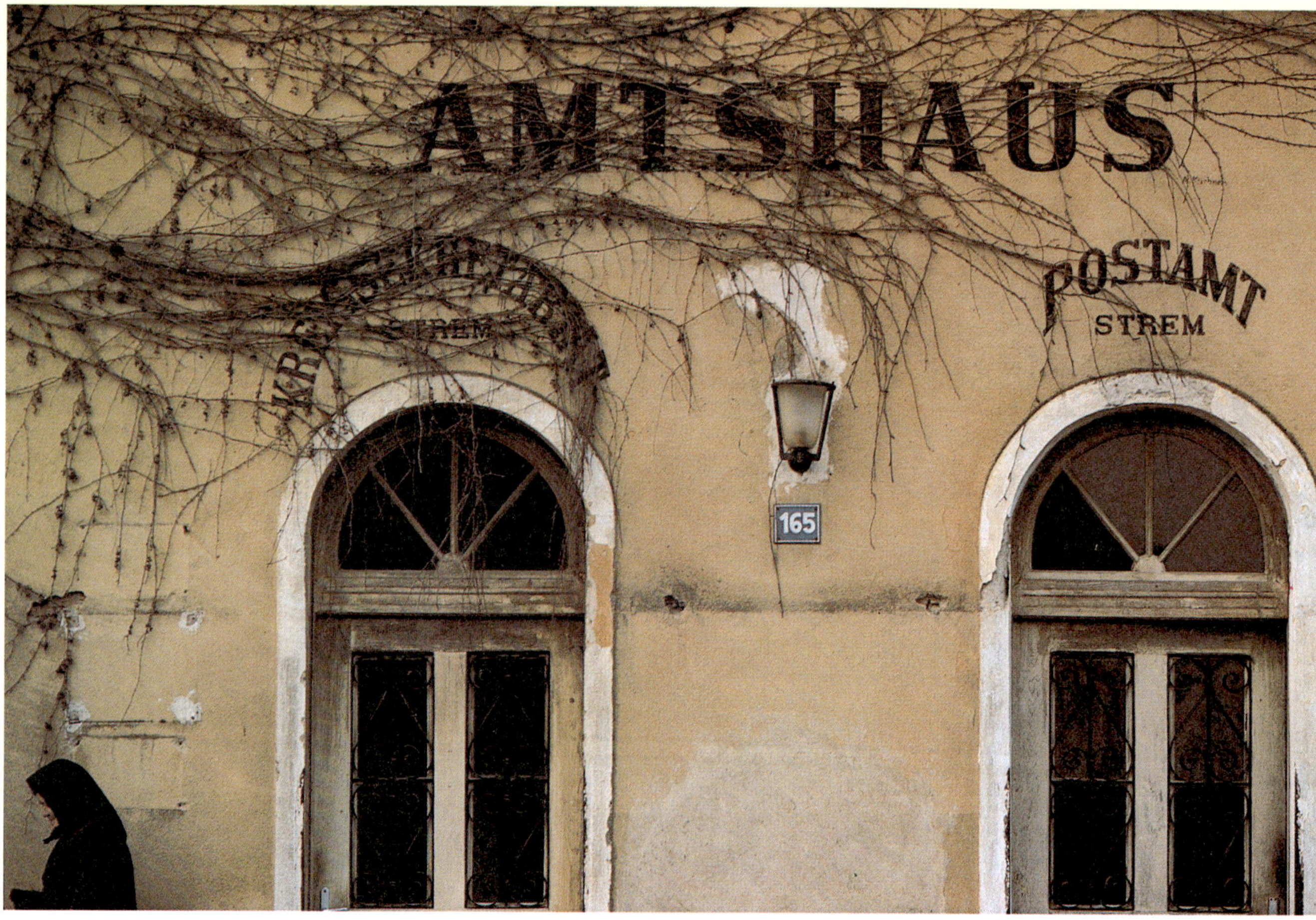

Herr Bürgermeister

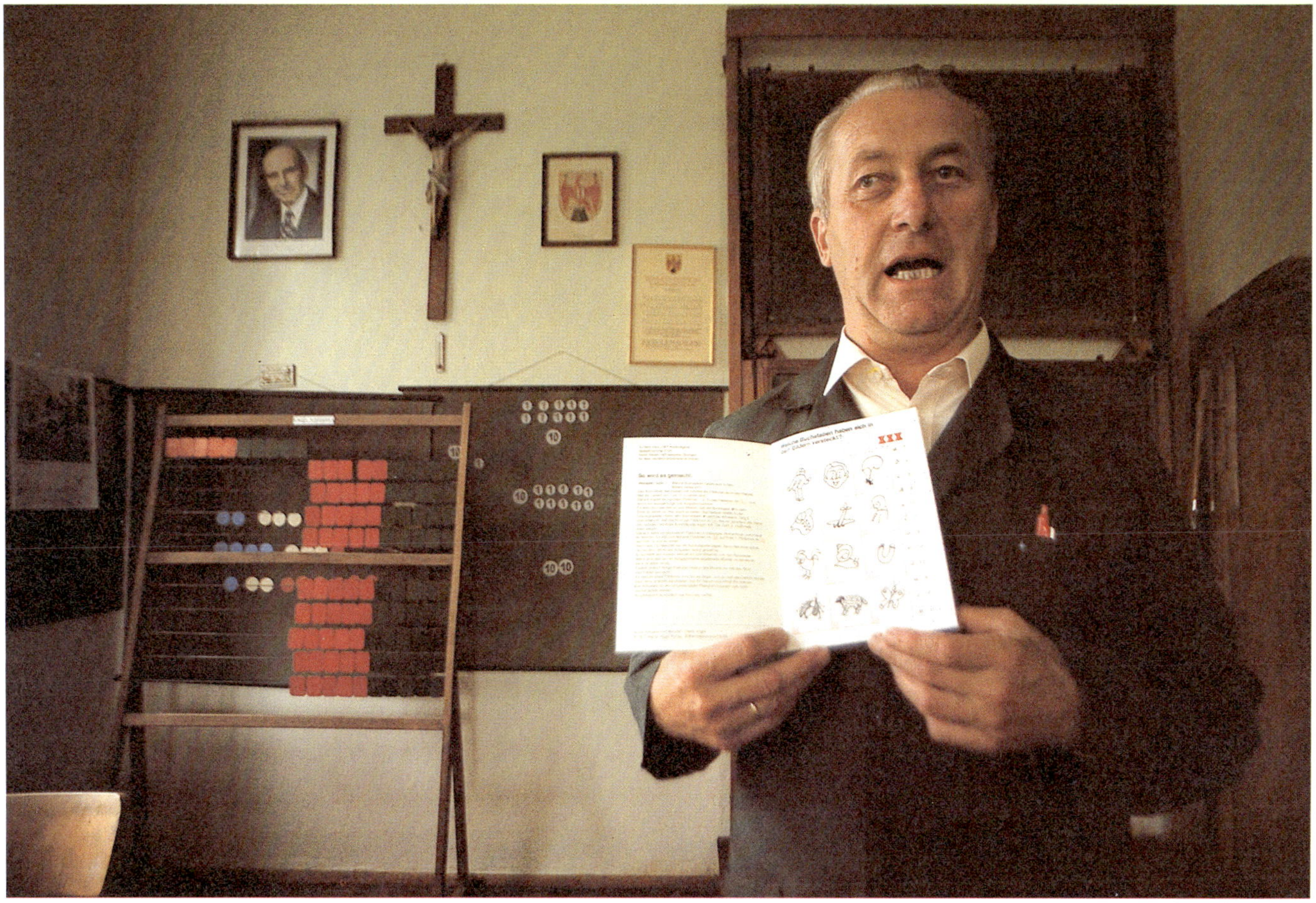

Herr Lehrer

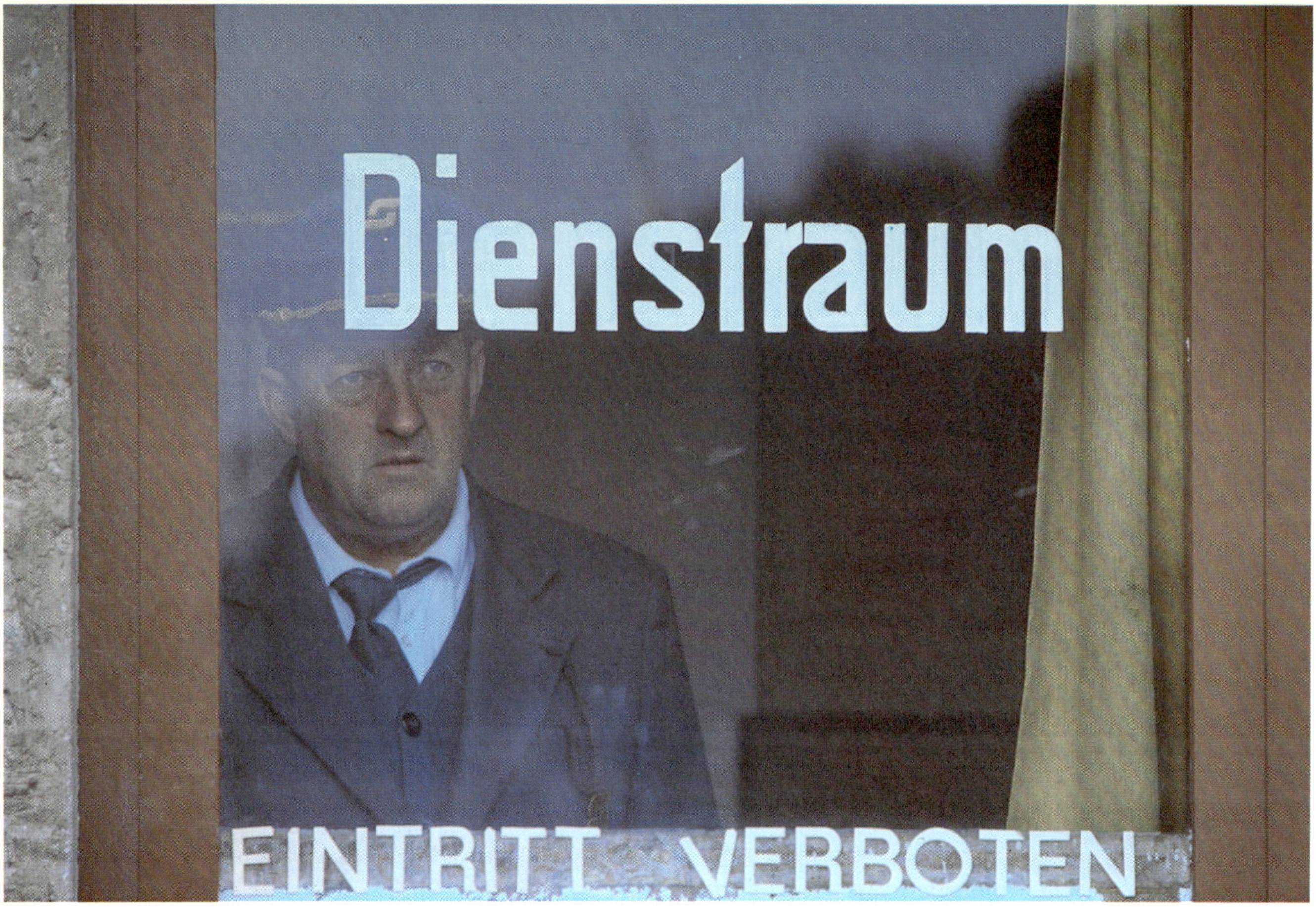

Eintritt verboten

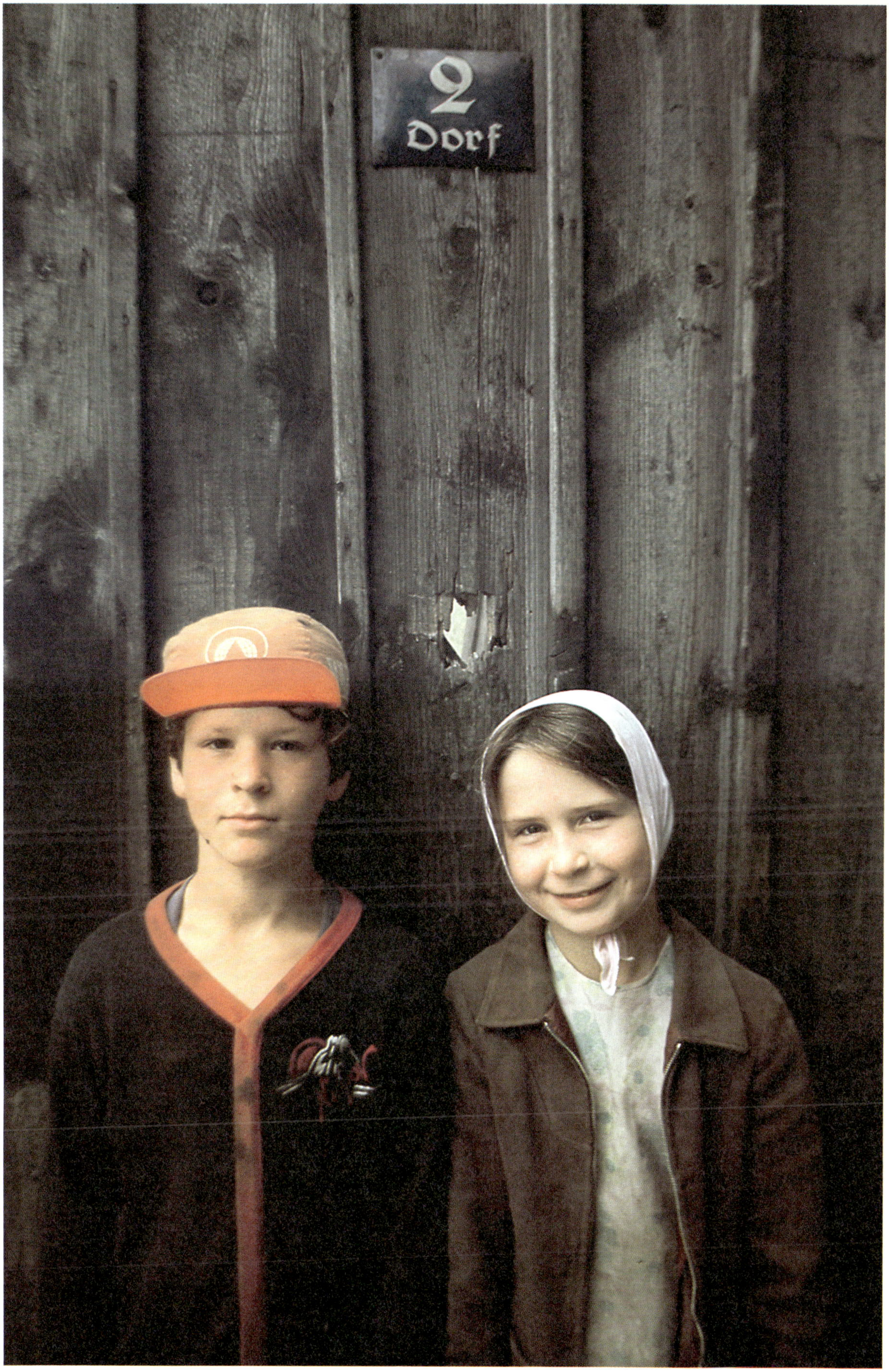
2
Dorf

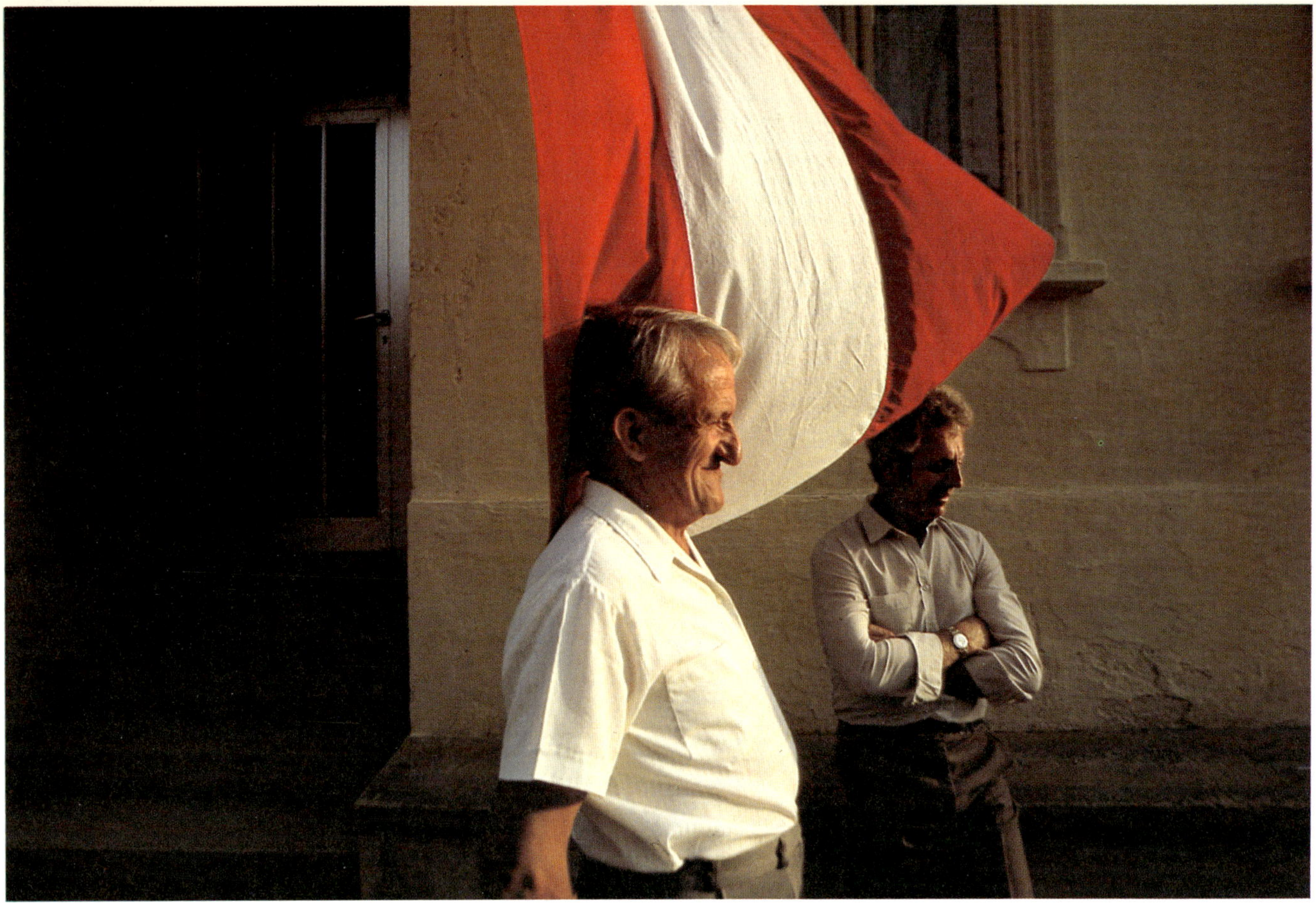

Tag der Fahne

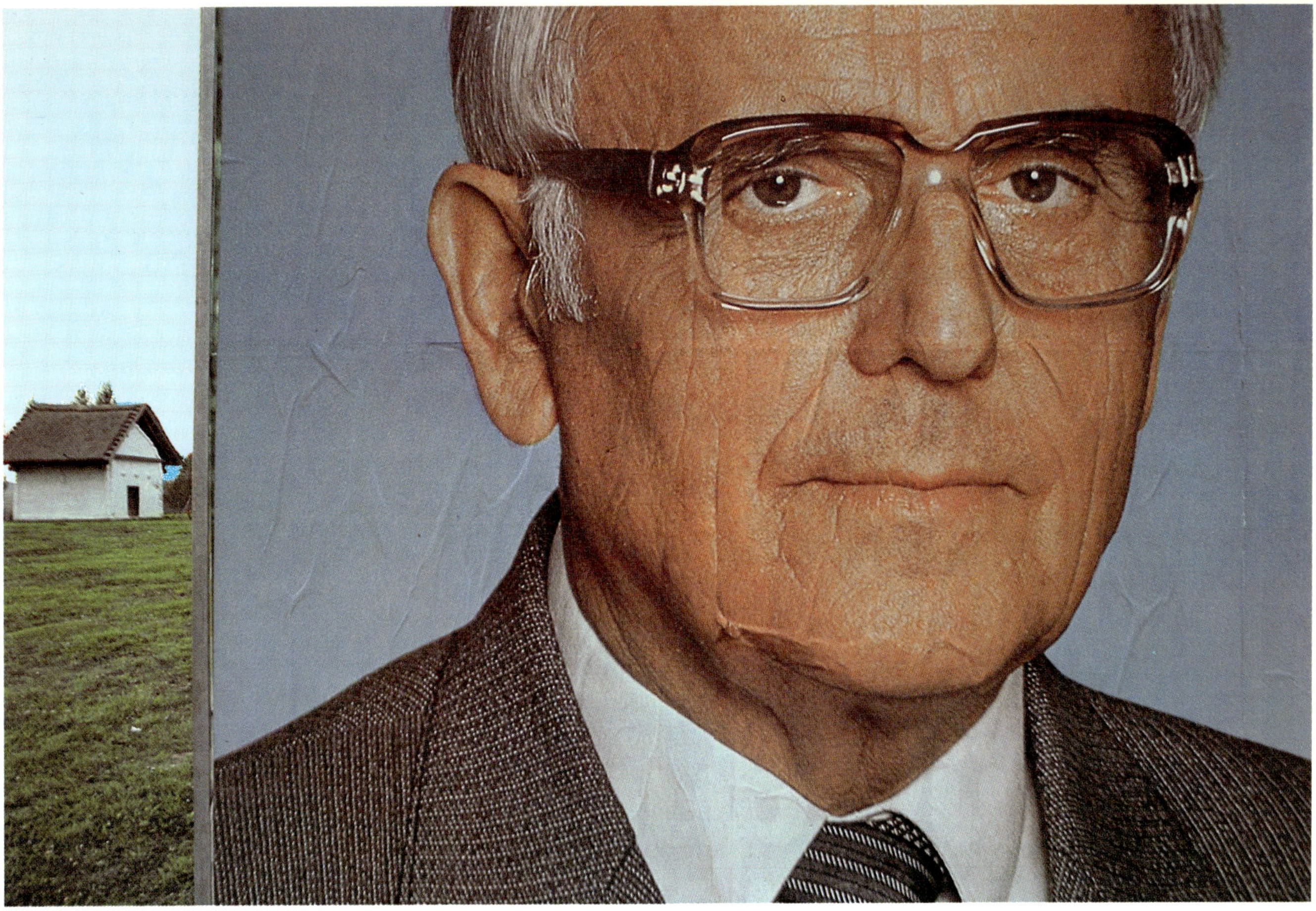

Der Landeshauptmann

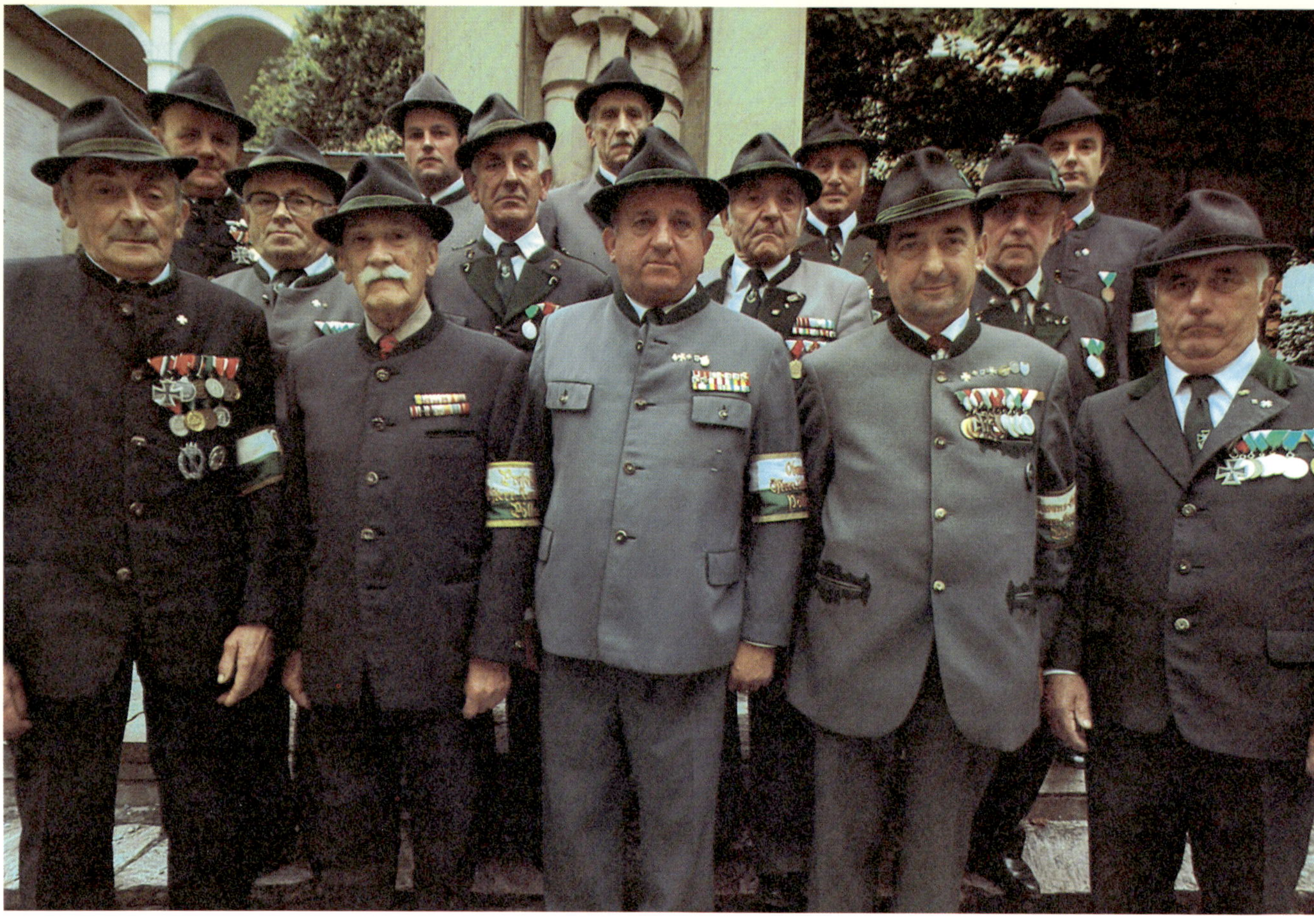

Kameraden

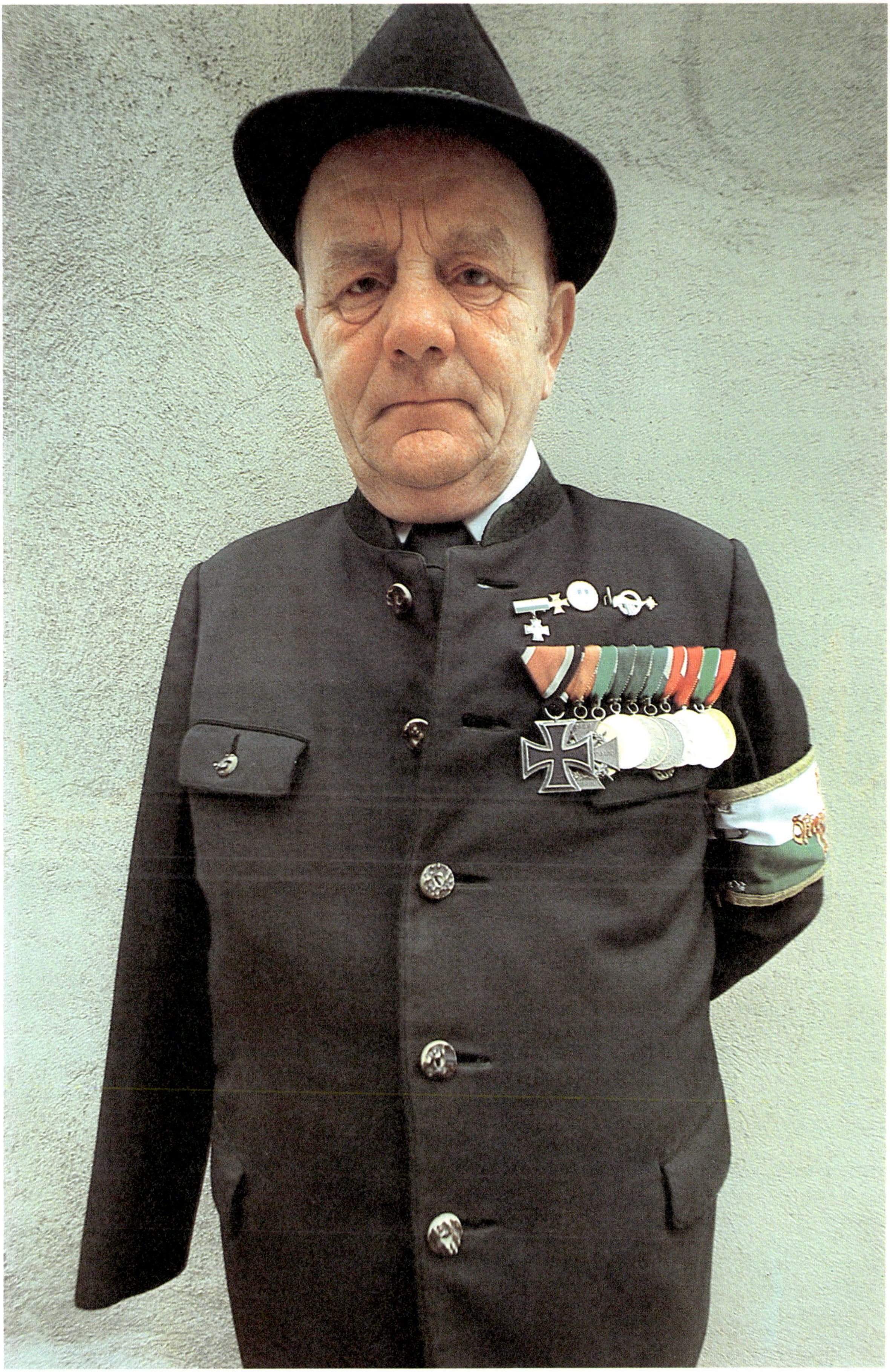

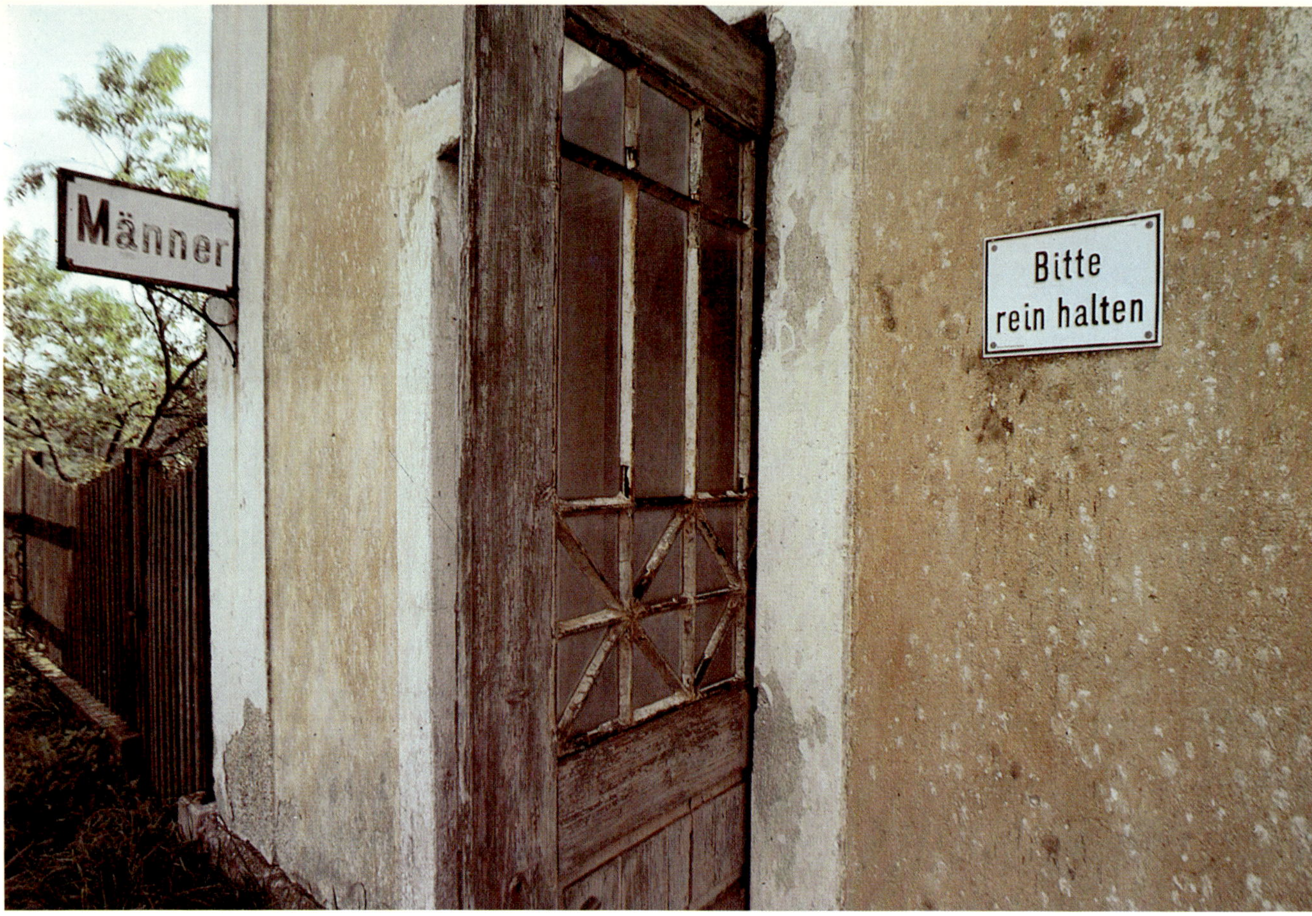

Bitte rein halten

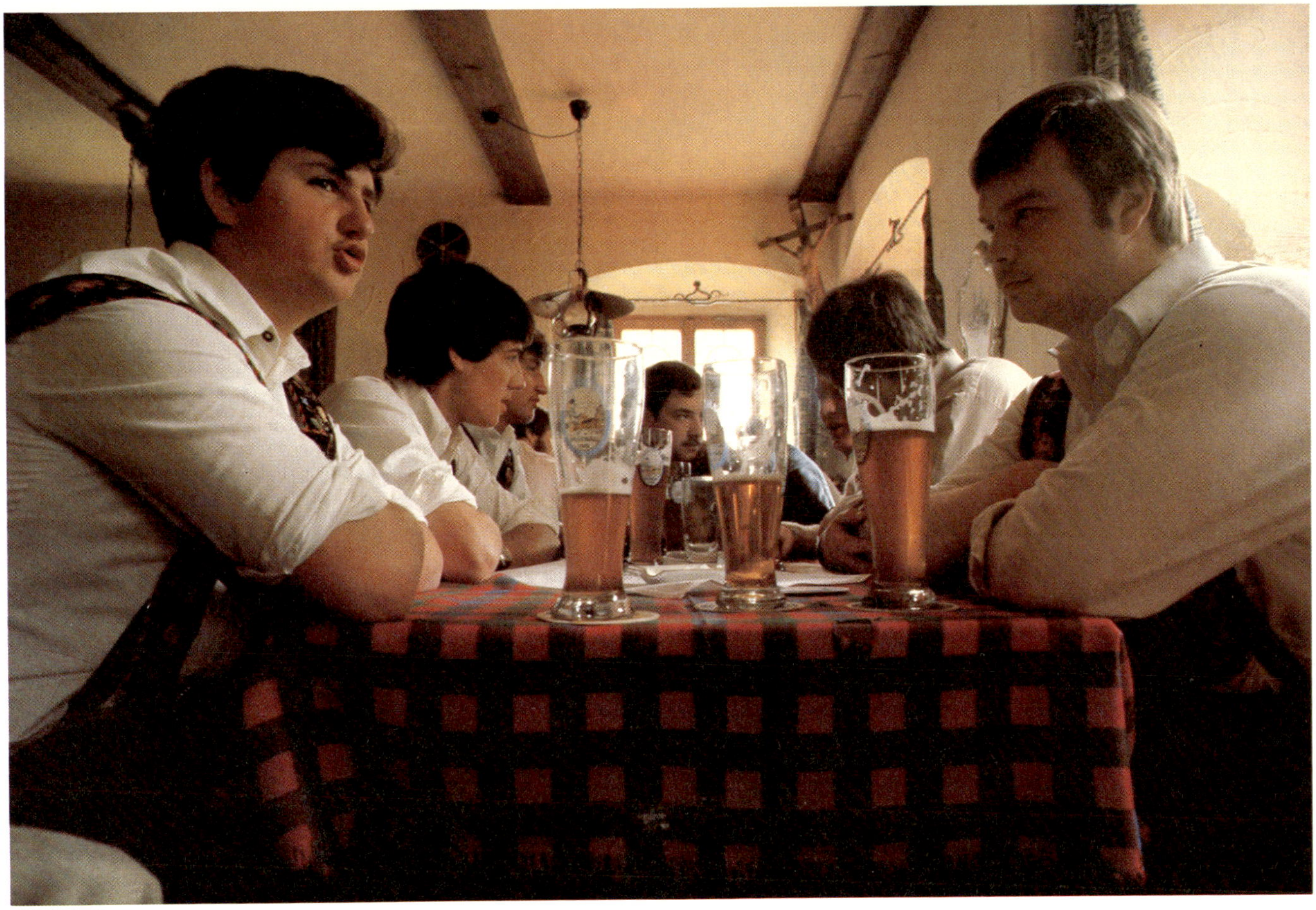

Männer

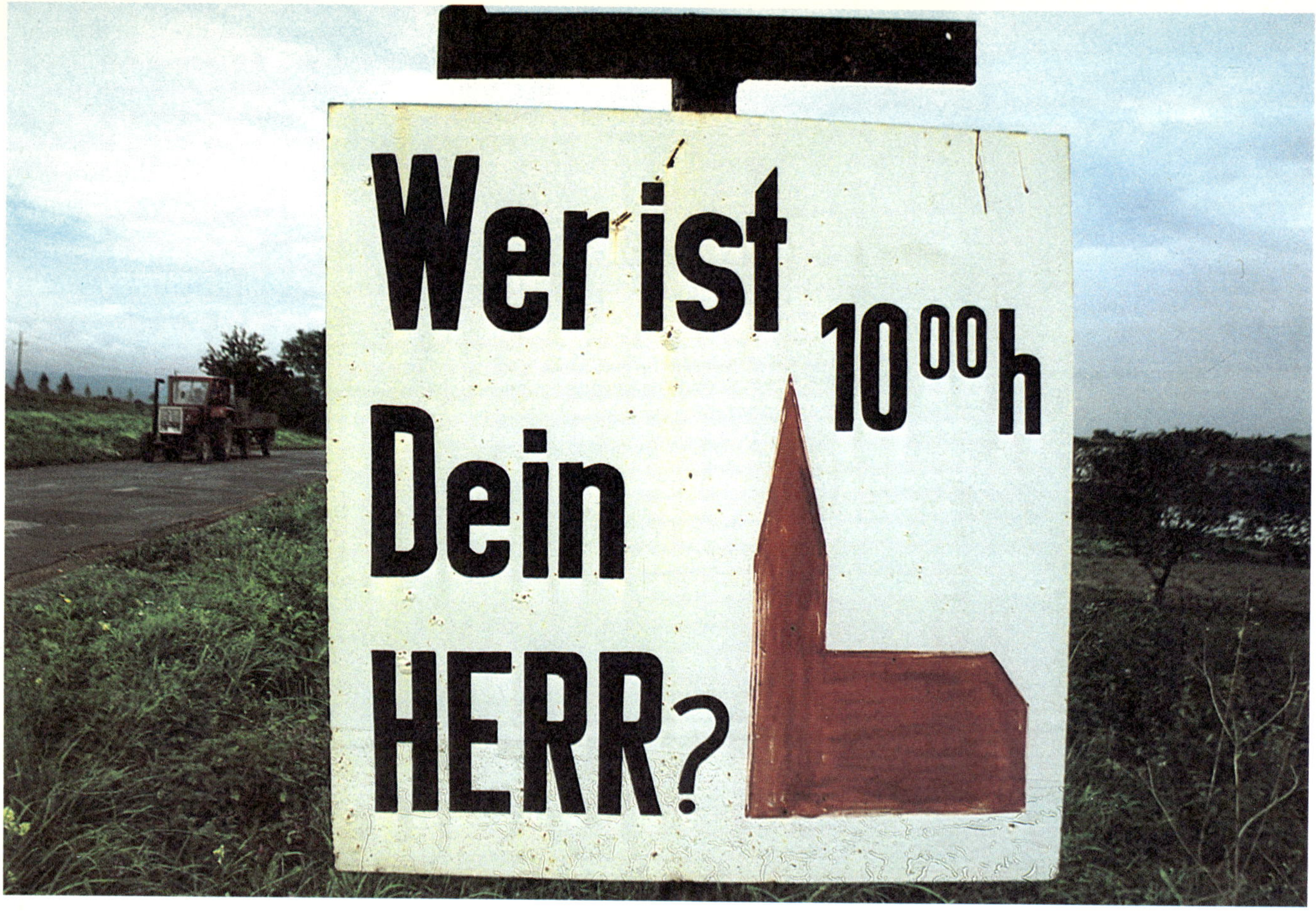

Wer ist Dein Herr?

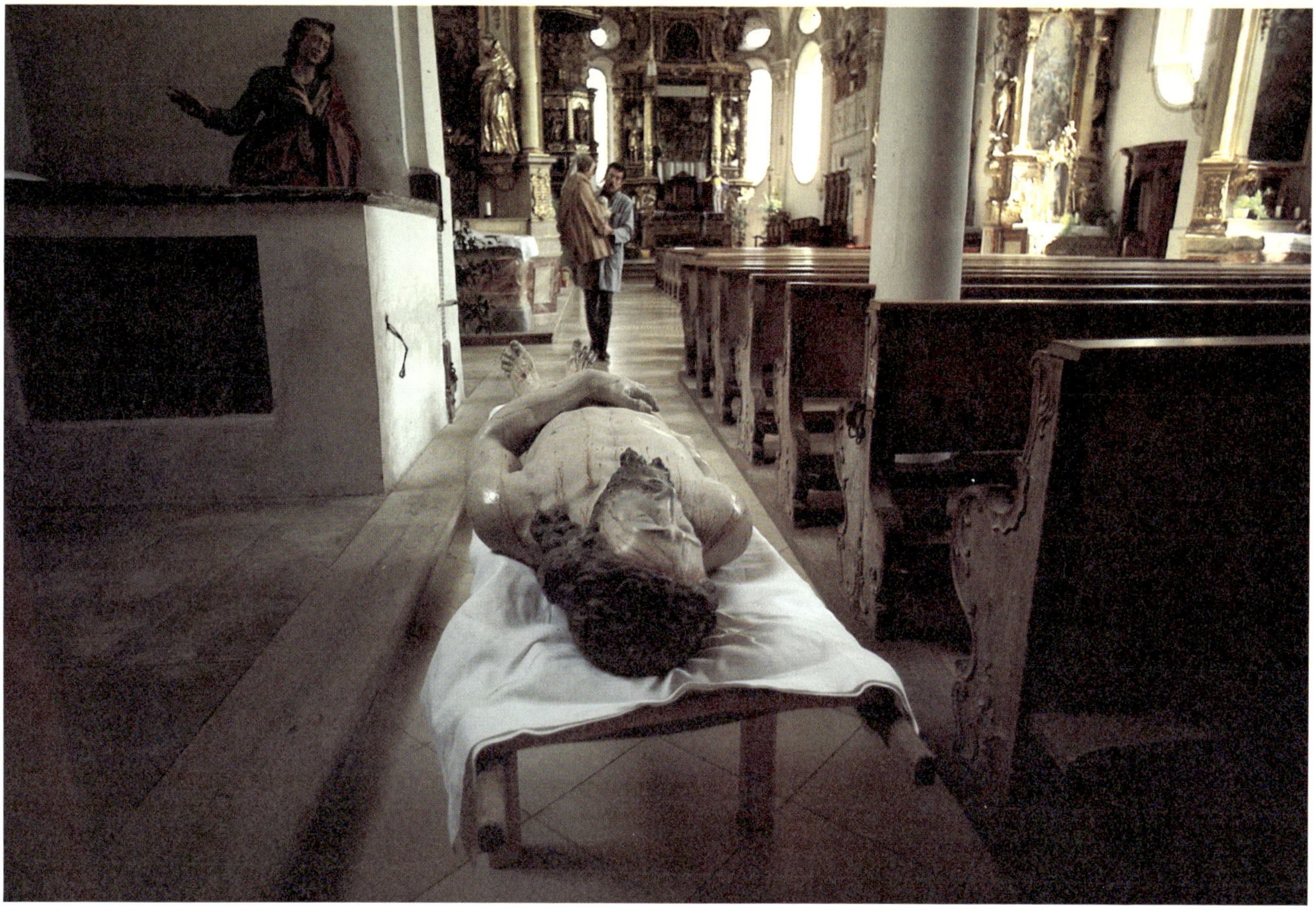

Der tote Herr Jesus

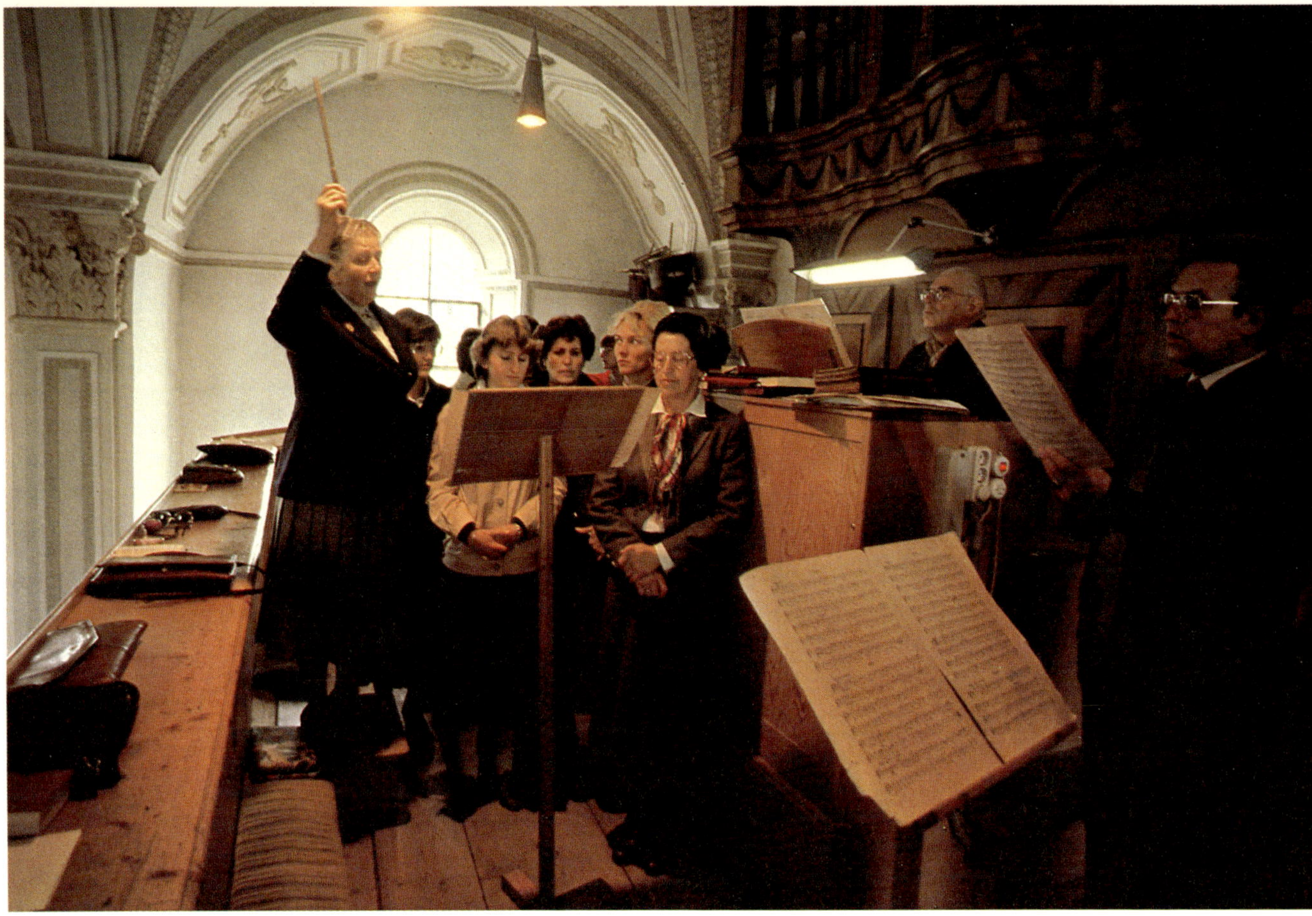

Gottesdienst

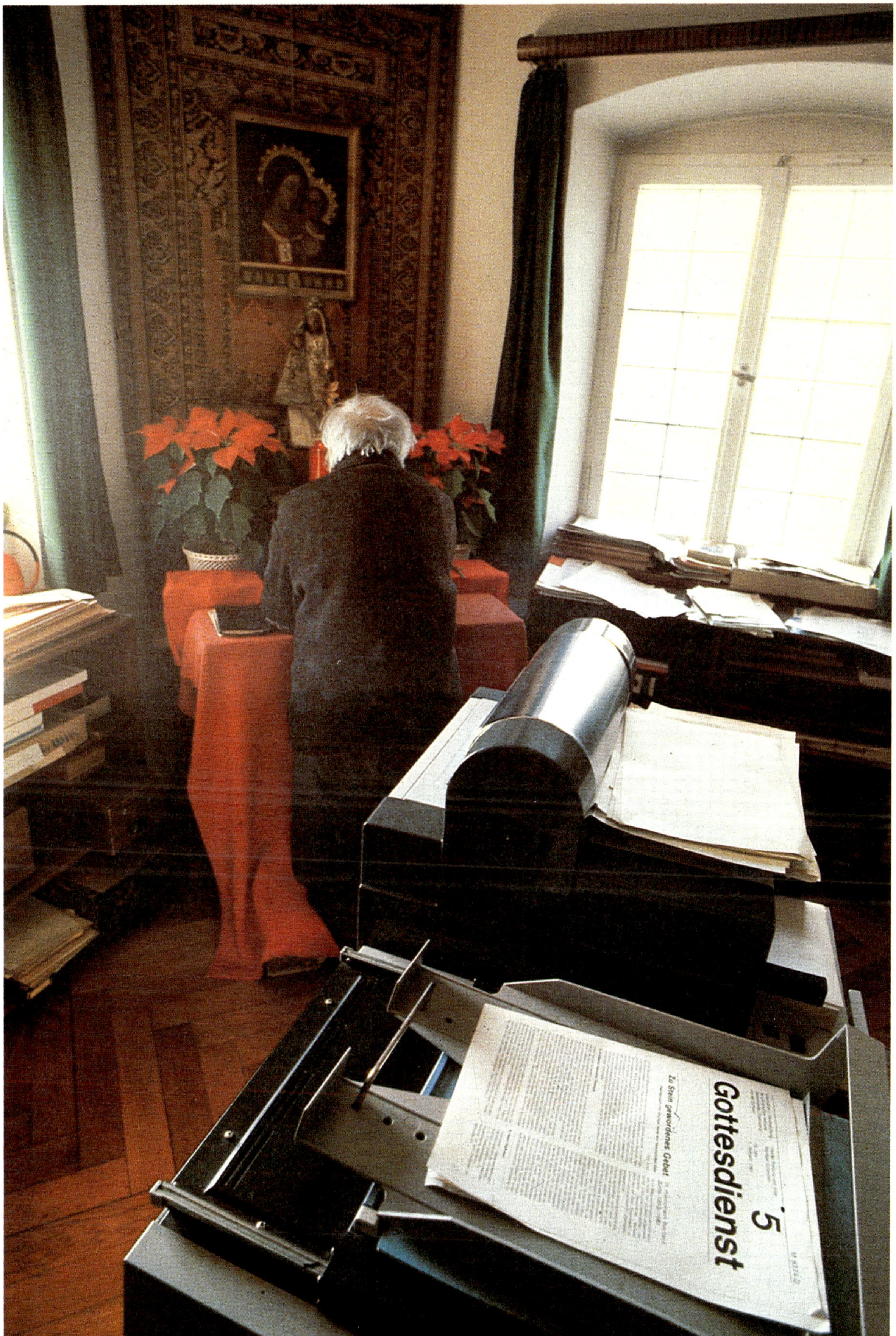
Gottesdienst
5
Zu Stein gewordenes Gebet

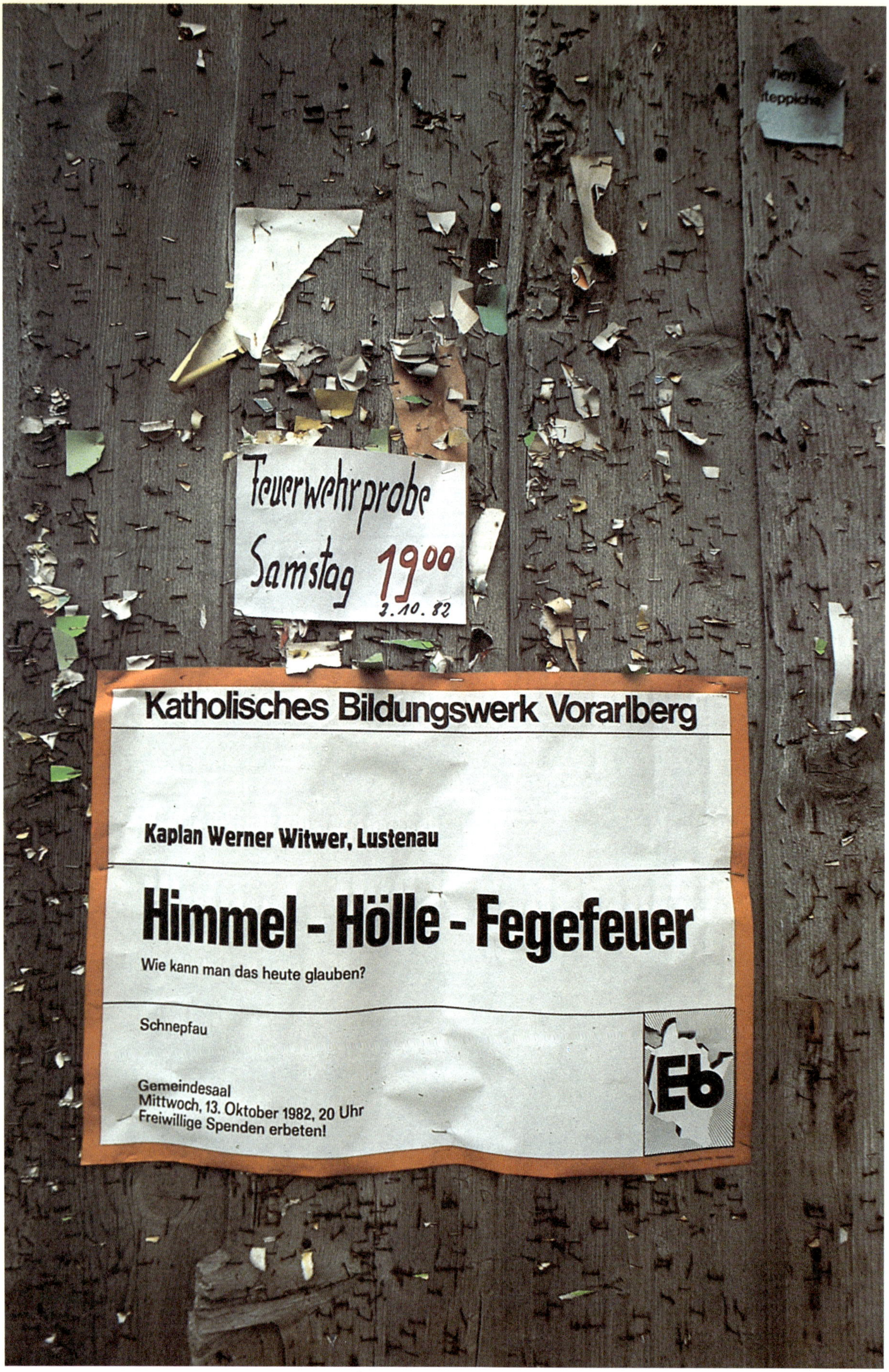
Feuerwehrprobe
Samstag 19⁰⁰
2.10.82
Katholisches Bildungswerk Vorarlberg
Kaplan Werner Witwer, Lustenau
Himmel - Hölle - Fegefeuer
Wie kann man das heute glauben?
Schnepfau
Gemeindesaal
Mittwoch, 13. Oktober 1982, 20 Uhr
Freiwillige Spenden erbeten!
Eb

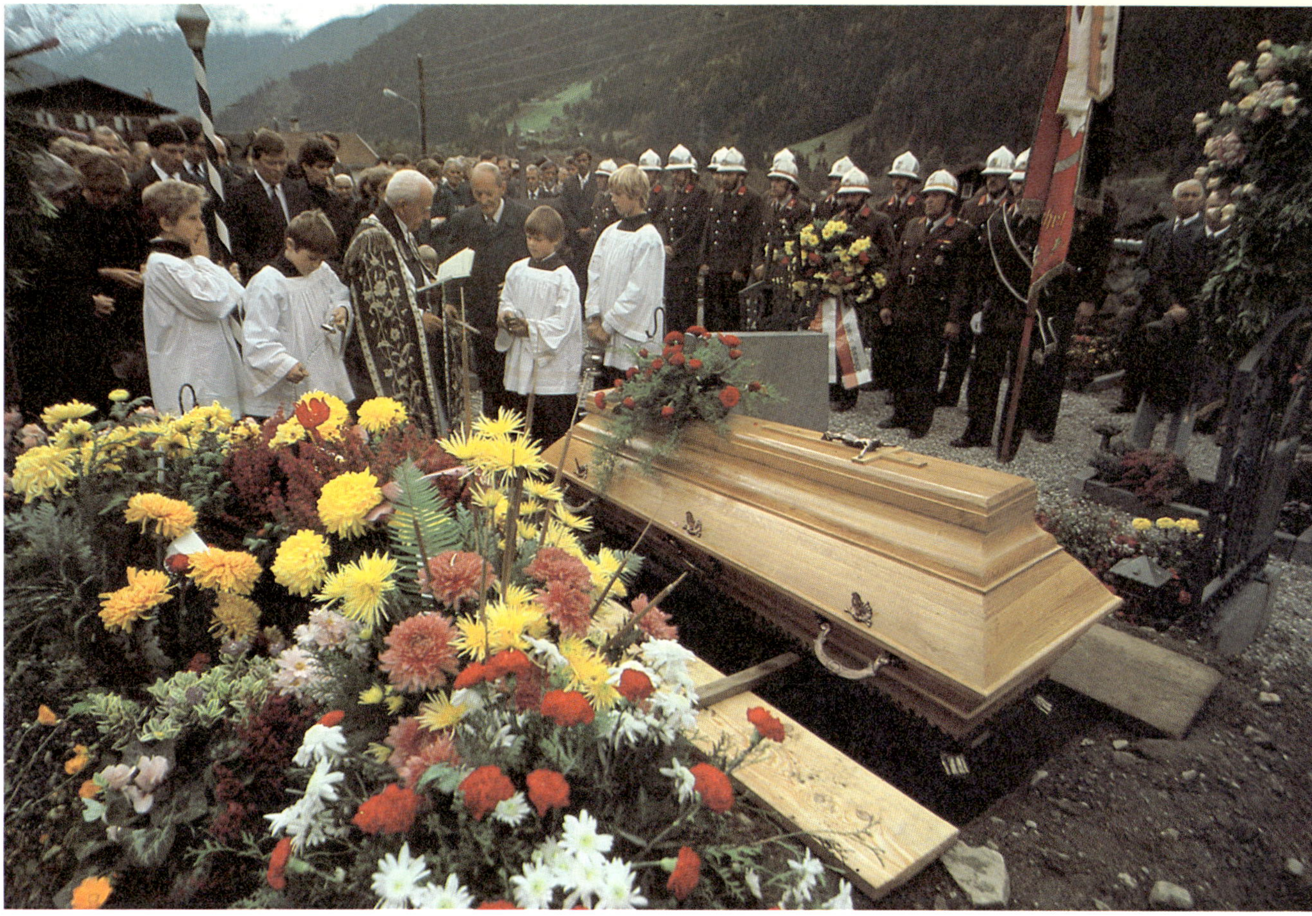

Samstag, 2. Oktober

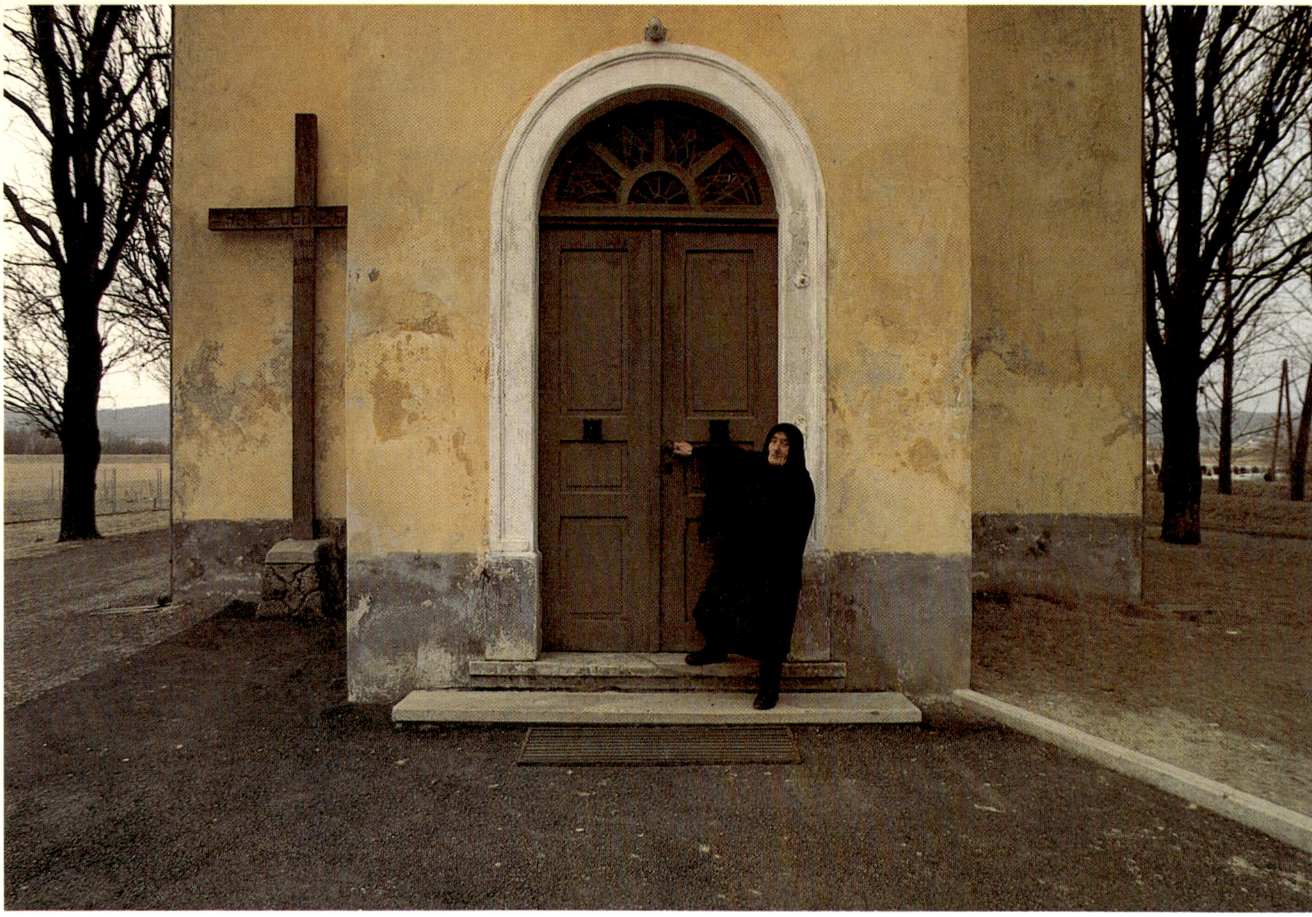

Heimweg

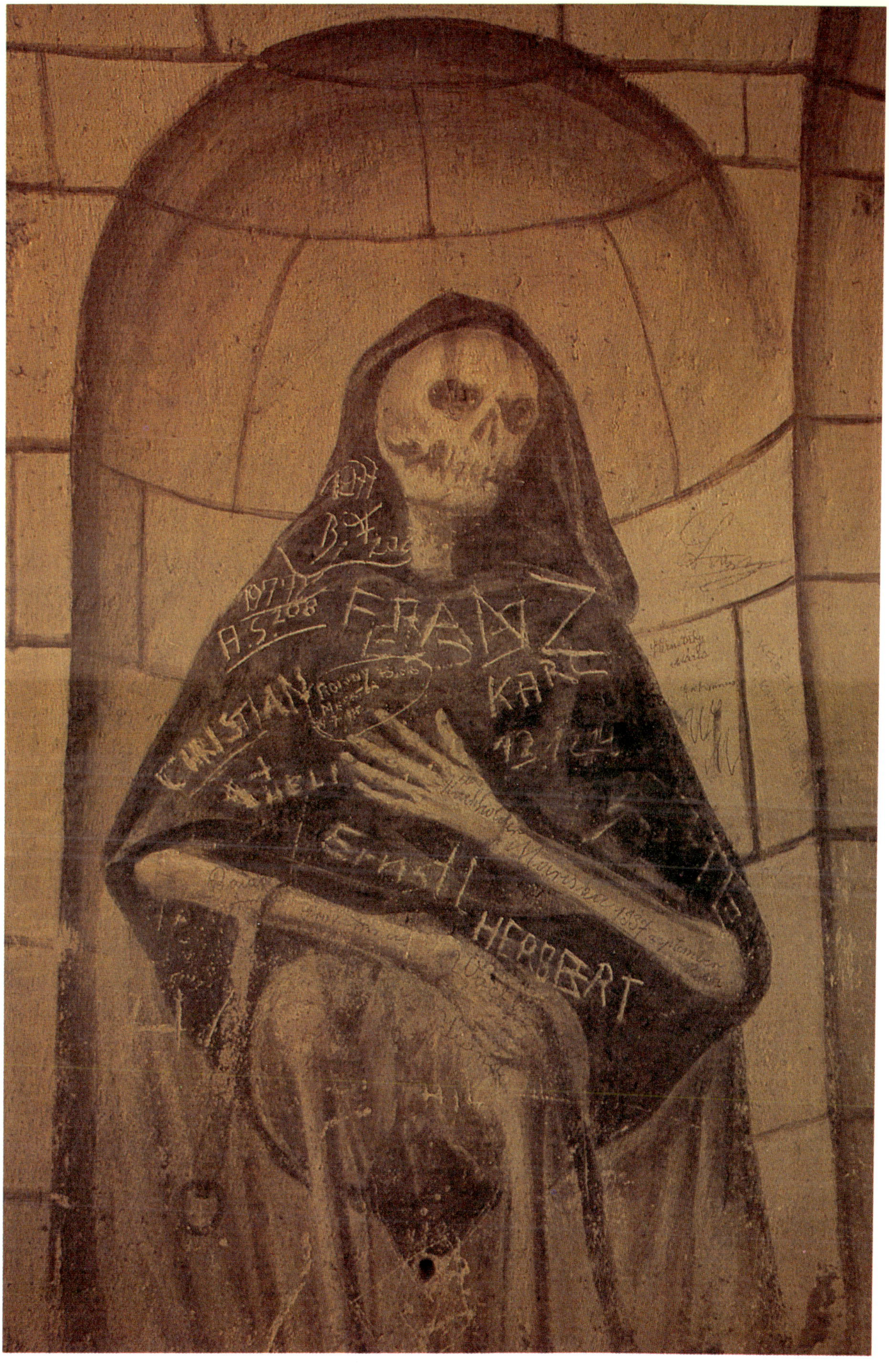
FRANZ
KARL
CHRISTIAN
Ernst
HERBERT

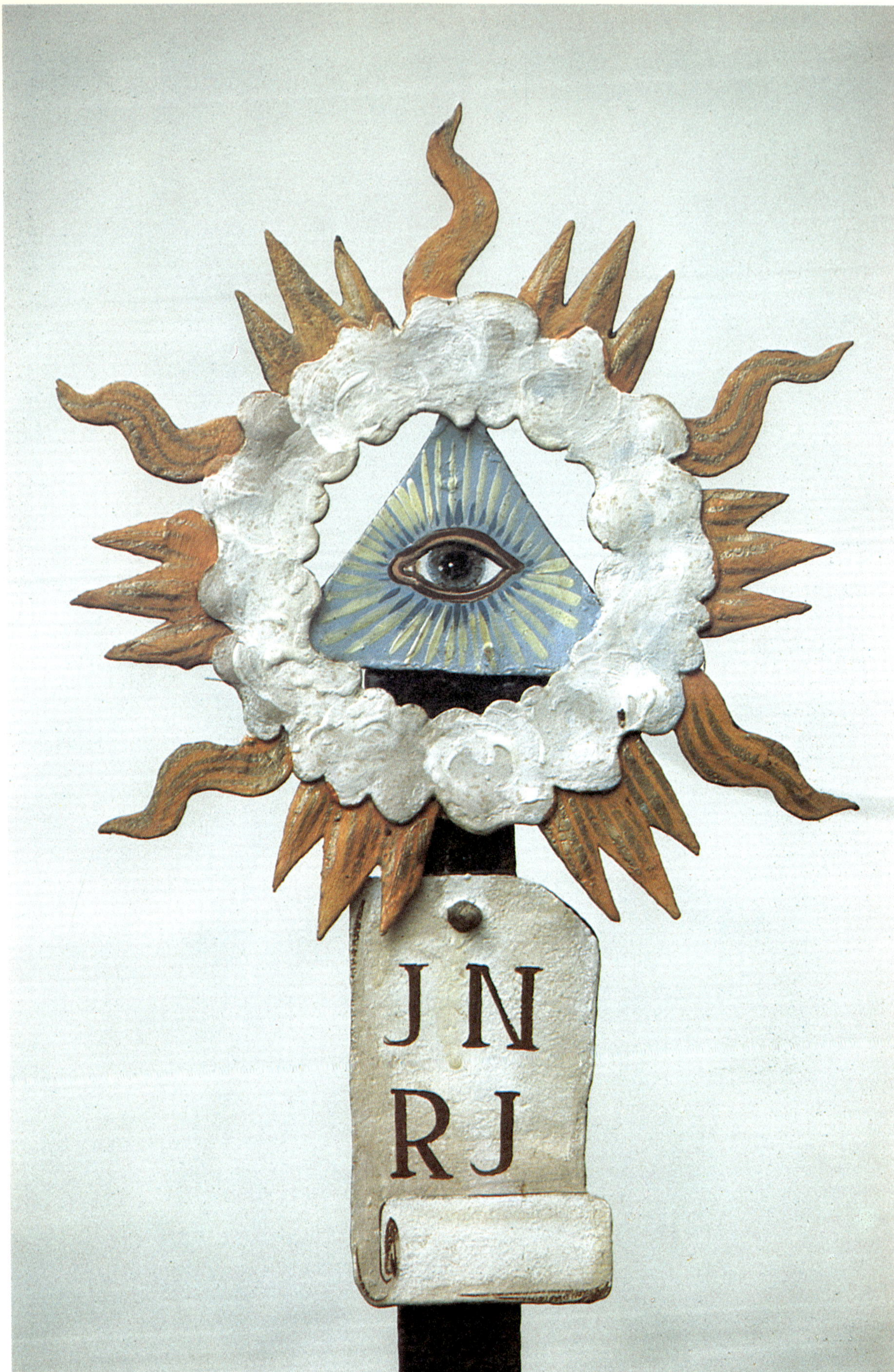
JN
RJ